AF611184

8°F 15485

COMPENDIUM
DE
SPRUDENCE

ES ET DÉLITS

PAR

D. AGERET
Commissaire de Police

AVEC UNE PRÉFACE
de M. Lucien MAULÉON
Docteur en Droit
Procureur de la République

« *Omnia mecum porto* »
Bias

CHEZ L'AUTEUR
AUX SABLES-D'OLONNE
(VENDÉE)

1902

PETITE IMPRIMERIE VENDÉENNE, LA ROCHE-SUR-YON
54, 56, 58 ET 60, RUE DE SAUMUR

PETIT COMPENDIUM
DE
JURISPRUDENCE

CRIMES ET DÉLITS

PAR

D. AGERET
Commissaire de Police

AVEC UNE PRÉFACE
de M. Lucien MAULÉON
Docteur en Droit
Procureur de la République

« *Omnia mecum porto* »
BIAS

CHEZ L'AUTEUR
AUX SABLES-D'OLONNE
(VENDÉE)

DON.
N° 102322
8° F
15485

À Monsieur Lucien Mauléon,
Docteur en droit,
Procureur de la République,
Respectueux Hommage
de son auxiliaire dévoué.

D. Ageret.

PRÉFACE

Monsieur le commissaire de Police

J'ai lu avec intérêt votre petit abrégé de jurisprudence, que vous avez eu la délicate attention de me dédier. Je suis persuadé que, par les renseignements précis qu'il renferme et par la méthode rigoureuse qui permet de le consulter facile-

ment, il est appelé à rendre de sérieux services à tous ceux qui y auront recours.

Recevez, Monsieur le Commissaire de Police, l'assurance de ma considération très distinguée.

L. Mauléon.

Procureur de la République aux Sables d'Olonne (Vendée).

A M. D. Agerel, Commissaire de Police de la ville des Sables-d'Olonne.

PETIT

COMPENDIUM DE JURISPRUDENCE

CRIMES ET DELITS

A.

Abus d'autorité. — **Déni de justice**, C. P. Art. 185, Amende 200 à 500 fr. Interdiction de fonctions 5 à 20 ans. — **Réquisition hostile de la force publique**, C. P. Art. 188 Réclusion. Suivie d'effet C. P. Art. 189. Maximum. — Supérieurs qui ont donné l'ordre punis seuls. C. P. Art 190 à 191 — **Violation de domicile**, C.

P. Art. 184. Prison 6 jours à 1 an, Amende 16 à 500 fr. — Par tout individu avec menaces ou violences, C. P. Art. 184 §. 2 Prison 6 jours à 3 mois, Amende 16 à 200 fr. — **Violation du secret des lettres**, C. P. A. 187. Prison 3 mois à 5 ans, Amende 16 à 500 fr. Interdiction de fonctions de 5 à 10 ans. — **Violences illégitimes**, C. P. Art. 186. Peines selon la gravité avec la graduation de l'Article 198.

Abus de blanc-seing. — C. P. Art. 407, Prison 1 à 5 ans, Amende 50 à 3000 fr. Interdiction des droits mentionnés à l'Article 42 de 5 à 10 ans. Si le blanc-seing n'a pas été confié à l'auteur du délit, l'abus constitue le crime de faux.

Abus de confiance. — C. P. Art. 408, Prison 2 mois à 2 ans, Amende maxima : le quart des restitutions et dommages : minima : 25, interdiction des droits mentionnés à l'Art. 42 de 5 à 10 ans — Si l'abus est commis par un domestique ou employé : Réclusion

Abus des passions d'un mineur. — C. P. Art 406, mêmes peines que pour l'abus de confiance.

Accouchement non déclaré. — Code pénal art. 346 : prison 6 jours à 6 mois, amende 16 à 300 fr.

Accoucheur. — Exercice illégal. — Loi du 30 Novembre 1892, Art. 18 §. 3. Amende 50 à 100. — Récidive 100 à 500 fr. prison 6 jours à 1 mois. — Usurpation du titre Même loi-Art. 19 §. 3. Amende 100 à 500 fr. Récidive 500 à 1000 fr. prison 1 à 2 mois. —

Accusation. — Individu traduit devant une cour d'assises sans mise en accusation, C. P. Art. 122. Dégradation civique pour les procureurs, substituts ou juges.

Actes. — Addition ou Altération de clauses, déclarations ou faits dans les actes. C. P. Art. 147 §. 4. Travaux forcés à temps.

Actes arbitraires. — Attentats à la liberté par un fonctionnaire sans ordre supérieur, C. P. Art 114. Dégradation civique. — **Attentat** semblable par un ministre. C. P. Art 115. Bannissement. — Dommages-intérêts, Art. 117 minimum 25 fr. par jour et par individu. — **Gardiens** qui ont reçu le détenu sans ordre. C. P. Art. 120. Prison 6 mois à 2 ans, Amende 16 à 200 fr. — **Mandat** sans autorisation contre un ministre, sénateur, député ou conseiller d'Etat. C. P. Art 121. Dégradation civique. — **Ordre** faux employé sciemment. C. P. Art 118. Maximum des Travaux forcés à temps. — **Refus** par un fonctionnaire de constater la détention illégale. C. P. Art. 119. Dégradation civique et dommages de l'Art. 117.

Acte d Accusation. Publication avant l'audience. **Loi** du 29 juillet 1881. Art. 38. Amende 50 à 1000 fr.

Actes de l'Etat-Civil. — Inscrits sur une feuille volante. C. P. Art. 192. Prison 1 à 3 mois, Amende 16 à 200 fr. — **Mariage** sans consentement des père et mère. C. P. Art. 193. Prison 6 mois à 1 an, amende 16 à 300 fr. — **Mariage** en secondes noces avant le temps prescrit. C. P. Art. 194. amende 16 à 300 fr. à l'officier civil.

Actes Publics. Par suite d'usurpation de fonctions. C. P. Art. 258. Prison 2 à 5 ans — Si l'acte est faux, peine du faux.

Actions hostiles envers l'Etranger, sans approbation. C. P. Art. 84, 85. Bannissement — Si la guerre a suivi : Déportation.

Adjudications. Entraves ou troubles à la liberté des enchères. C. P. 412. Prison 15 jours à 3 mois, amende 100 à 5000 fr.

Administrateurs Publics. — Décision par faveur ou inimitié C. P. Art. 183. Dégradation civique. — **Destruction**, suppression, soustraction, détournement, communication d'actes et de titres, C. P. 173. Travaux forcés à temps. — **Empiètement** sur le pouvoir législatif. C. P.

130. Dégradation civique — Sur le pouvoir judiciaire. C. P. Art. 131. Amende 16 à 150 fr.

Adultère. — de la Femme. C. P. Art. 337, prison 3 mois à 2 ans. — Complice. C. P. Art. 338, prison égale, amende 100 à 2000 fr. — du Mari (concubine dans la maison conjugale). C. P. Art. 339. Amende de 100 à 2000 fr.

Affiches. — **Enlèvement**, lacération, altération des affiches officielles ou électorales par un fonctionnaire ou agent. **Loi** 24 juillet 1881. Art. 17. prison 6 jours à 1 mois, amende 16 à 100 fr. — **Peintes**, non payement de la taxe fixée par la loi du 26 juillet 1893. A. 19. Loi du 8 juillet 1852. Art. 30, amende 100 à 500 fr. — Timbre, défaut de timbre. Loi du 10 juin 1824, Art. 10. amende 20 fr.

Agriculture — **Rupture**, destruction d'instruments, parcs, cabanes. C. P. art. 451. Prison 1 mois à 1 an, amende minima 16 fr., maxima le quart des restitutions et dommages intérêts.

Vol des instruments. C. P. art. 388. Prison 1 à 5 ans, amende 16 à 500 fr. interdiction des droits de l'art. 42 de 5 à 10 ans, interdiction de séjour.

Aliénés. — Contraventions à la police des établissements. Loi du 30 juin 1830. art. 41. Prison 5 jours à 1 an, amende 50 à 3000 fr. — **Détention** arbitraire. C. P. art. 120. Prison 6 mois à 2 ans, amende 16 à 200 fr.

Allumettes — **Détention** des ustensiles, bois de moins de 0, 10 centim. cartonnages. Loi du 16 Avril 1895. Art. 20, amende 100 à 1000 fr. — **Fabrication** et détention des pâtes. même loi, même article, Prison 6 jours à 6 mois, amende 300 à 1000 fr. Récidive, minimum 500 fr. — **Transport**, même loi, art. 19, amende 100 à 1000 fr.

Altération de liquide. ou de marchandises par les voituriers ou préposés. C. P. art 387 : avec des substances malfaisantes. Prison 2 à 5 ans, amende 25 à 500 fr. privation des droits de l'art. 42 de 5 à 10 ans, interdiction de séjour. — Sans substances malfaisantes. Prison 1 mois à 1 ans, amende 16 à 100 fr.

Anarchistes. — **E**xcitation au meurtre et à la désobéissance militaire. — **Loi** du 28 juillet 1894, art. 2, prison 3 mois à 2 ans, amende 100 à 2000 fr. — **P**ublication interdite des débats et divulgation de documents. Même loi. Art 5, prison 6 jours à 1 mois, amende 1000 à 10.000 fr.

Animaux. — **B**lessures volontaires de bestiaux ou chiens de garde sur autrui. **Loi** du 28. 7bre. 6. 8bre. 1791. Titre 1r Art. 30, amende double du dommage ; prison 1 mois. Si l'animal est mort ou estropié : 6 mois La nuit dans une étable ou enclos : détention double. — **Destruction** d'un animal domestique chez le propriétaire ou le fermier. C. P. art. 454. Prison 6 jours à 6 mois. — **Destruction** sans nécessité des chevaux, bœufs, moutons, chèvres, porcs, poissons des étangs chez le propriétaire ou le fermier. C. P. art. 453. Prison 2 à 6 mois. Si le coupable est propriétaire du bien du délit, même article §. 2. Prison 6 jours à 1 mois. Dans tout autre lieu. même article §. 3. Prison 15 jours à 6 semaines. — **Empoisonnement** des mêmes animaux. C. P. art. 452. Prison 1 à 5 ans, amende 16 à 300 fr. Interdiction de séjour.

Appareils à vapeur ou pression de gaz — **D**éfaut d'épreuve de chaudière livrée ou après une réparation notable. Loi du 21 Juillet 1856. Art. 1er, amende 100 à 1000 fr. — **Mar**che à une pression supérieure, loi du 18 avril 1900. Art. 7, amende pour le mécanicien, 25 à 500 fr. et prison 3 jours à 1 mois, pour celui qui ordonne, amende 100 à 1000 fr.; prison 6 jours à 2 mois. — **V**ente de récipient à vapeur, sans épreuves, même loi, art. 2, amende 50 à 500 fr. — **Usage** de récipient non timbré, L. 18 Avril 1900. Art. 3, amende 25 à 500 fr. — **Usage** de récipient non éprouvé après réparation notable, même loi, art. 3 même peine. — Usage sans déclaration, même loi, art. 4, amende 25 à 500 fr. Si l'appareil n'est pas timbré amende 100 à 1000 fr — Usage en dehors de l'emplacement autorisé et sans appareils de sûreté, même loi, art. 6, amende 25 à 200 fr.

Apprentissage. — Individus incapables (Art 6) recevant des apprentis, en récidive Loi 22/2 1851. Art. 20 § 2. Prison 15 jours à 3 mois, Amende 50 à 300 fr.

Arbres. — Abattage, hors des bois, d'arbres à autrui. C. P. 445, Prison 6 jours à 6 mois par arbre, maximum 5 ans pour la totalité, amende de 16 fr. au 1/4 des restitutions, et dommages — Si l'arbre mutilé, coupé ou écorcé doit périr. C. P. 446, mêmes peines. — Si l'arbre ne périt pas. Loi 28 septembre 1791. Art. 14. Amende double du dommage. Prison maxima 6 mois. — Abattage et mutilation sur les routes. C. P. 448 Prison minima 20 jours, amende de 16 fr. au 1/4 des restitutions et dommages. — **Déplacement ou suppression d'arbres établissant des limites.** C. P. 456. Prison 1 mois à 1 an, Amende du quart des restitutions et dommages, minima 50. fr. — **Destruction de greffes.** C. P. 447. Prison 6 jours à 2 mois par greffe, maximum 2 ans pour la totalité, amende de 16 fr. au quart des restitutions et dommages. — **Destruction de greffes** sur les routes même article, prison 10 jours, même amende. — **Nuit ou** par haine d'un fonctionnaire C. P. 450. Maximum des peines ci-dessus.

Armes. — Contre la France par des Français. C. P. 75. Mort. — **Fabrication** ou commerce des modèles réglementaires sauf revolvers et armes blanches sans déclarations Loi 14 Août 1885. Art. 12. Prison 1 mois à 2 ans, amende 16 à 1000 fr. confiscation, double en récidive. — **Défaut de Registre,** même loi, Art. 13. prison 6 jours à 3 mois, amende de 16 à 300 fr, double en récidive. —**Port** dans les réunions électorales, Décret

2|2 1852. Art. 37. amende 16 à 100 fr. — Si l'arme est cachée, prison 15 jours à 3 mois, amende 50 à 300 fr. — **P**rohibées : Fabrication et vente. C.P. 314. Prison 6 jours à 6 mois. — **P**ort des dites armes, amende 16 à 200 fr. confiscation.

Arrestations et séquestrations par des particuliers. C. P. Art 341. Travaux forcés à temps. Avec faux costume, nom ou ordre et menaces de mort. C. P. Art 344 travaux forcés à perpétuité. — **A**vec Tortures, même article : Mort. — **S**équestration de plus d'un mois. C. P. Art. 342. Travaux forcés à perpétuité — **M**oins de 10 jours, C. P. 343. Prison 2 à 5 ans. Interdiction de séjour de 5 à 10 ans.

Assassinat C.P. 302. Mort,

Assistance Judiciaire. — Loi 22|1. 1851. — **D**éclaration frauduleuse A. 26 Prison 8 jours à 6 mois. amende 100 fr.

Association de malfaiteurs — **A**ffiliation C.P. 266. (L. 18|12. 1893).

Travaux forcés à temps et rélégation — **Fourniture** d'instruments et de lieu de réunion C. P. Art. 267 (même loi). Réclusion et Interdiction de séjour. — **Illicites.** L. 1er juillet 1901 — **Défaut** de déclaration préalable. A. 8. amende 16 à 200 fr. — récidi-double : **Direction** d'un établissement d'enseignement par congréganiste non autorisé. A. 8 § 2 Amende 16 à 5000 fr. prison. 6 jours à 1 an. — **Formée** sans autorisation ; mêmes peines, double aux fondateurs **Maintenue** ou reconstituée également après dissolution ; mêmes peines aux fondateurs ou directeurs. — **Prêt** d'un local à association dissoute ; mêmes peines. — **Refus** de présenter comptes ou communications mensongères ; mêmes peines.

Attentat à la Pudeur. — **Sans** violences sur un enfant au-dessous de 13 ans. C. P. art. 331. Réclusion. — **Par** un ascendant sur un mineur au-dessus de 13 ans non émancipé, même art, même peine. — **Avec** Violences contre tout individu. C. P. art. 332

§. 3 Réclusion.— **Sur un enfant** au-dessous de 15 ans. même art. §. 4, travaux forcés à temps. — **Par** ascendants, serviteurs, fonctionnaires sans violences sur moins de 13 ans. C. P. art. 333, travaux forcés à temps. — **Avec** Violences, même article, travaux forcés à perpétuité.

Attentat contre l'Etat. — **Com**plot avec préparation d'exécution. C. P. art. 89 déportation.— Sans préparation, détention — **Détruire** ou changer le gouvernement et Excitation C. P. art. 87, déportation dans enceinte fortifiée. — **Excitation** à la guerre civile et au pillage. C. P. art 91, Mort.— **Ordre** faux, auteurs et usagers. C. P. 118. Travaux à temps. **Proposition** de complot non agréé. C. P. art. 89, prison 1 à 5 ans, interdiction des droits de l'Art. 42. — **Résolu**tion d'attentat par un individu et préparation. C. P. 90. Détention.

Attroupements. — Armé, dissipé après 1re sommation sans usage d'armes. L. du 7 juin 1848. Art. 4. prison 1 mois à 1 an- La nuit : 1 à 3 ans —

Après la 2me sommation sans usage d'armes, même loi, même article §4, prison 1 à 3 ans — la nuit 2 à 5 ans. — Dissipé par la force ou après usage d'armes, idem §.5, détention 5 à 10 ans dans le 1er cas — dans le 2e cas réclusion 5 à 10 ans ; interdiction des droits de l'art. 42. 1 an à 5 ans — la nuit : Réclusion. — Sans armes non dissous avant 2me sommation, même loi art.5, prison 15 jours à 6 mois — dissipé par la force : 6 mois à 2 ans. — Provocation sans effet la nuit avec armes, même loi Art. 6, prison 6 mois à 1 an — sans armes prison 1 à 3 mois.

Aubergistes. — Inscription volontaire des voyageurs sous de faux noms et omission volontaire. C. P. art. 154. §3, prison 6 jours à 3 mois. — Vol. C. P. art. 386 § 4. Réclusion.

Auteurs. — Exposition ou distribution de chansons ou images contraires aux bonnes mœurs. C. P. art. 287, prison 1 mois à 1 an, amende 16 à 500 fr. Confiscation. — Nom absent sur les imprimés. C. P. art.

283, prison jours à 6 mois. — Provocation à des crimes ou délits. C. P. art. 285, les distributeurs punis comme complices ; s'ils révèlent le nom de l'auteur, prison 6 jours à 3 mois — Confiscation C. P. art. 286.

Autorités judiciaires. — Empiétement : sur le pouvoir législatif C. P. art. 127 dégradation civique — sur le pouvoir administratif, même article §. 2, même peine. — Juges jugeant une affaire administrative. C. P. art. 128, amende 16 à 150 fr. — Mandats sans autorisation contre agents du gouvernement. C. P. art 129, amende 100 à 500 fr.

Avortement. — C. P. art 317. Réclusion. — Médecins ou pharmaciens complices art. 317 § 2. travaux forcés à temps. — Substances nuisibles administrées volontairement, occasionnant une maladie art 317. § 3. prison 1 mois à 5 ans. amende 16 à 500 fr. interdiction de séjour 2 à 10 ans — envers un ascendant, réclusion. — Si la maladie dure plus de 20 jours.

§. 4. Réclusion — envers un ascendant, travaux forcés à temps.

B.

Bacs. — **Perception** de prix supérieur au tarif, avec menaces ou violences. L. 6 frimaire an VII, art. 53. prison 3 mois maximum, amende maxima 100 fr. — Refus de payer avec menaces ou violences, même loi, Art. 57. mêmes peines.

Baisse par moyens frauduleux sur denrées, marchandises ou papiers. C. P. art 419, prison 1 mois à 1 an, amende 500 à 10.000 ; interdiction de séjour de 2 à 5 ans. — sur Grains, farines, pain, vin. C. P. art 420, pris. 2 mois à 2 ans, amende 1000 à 20,000, interdiction de séjour de 5 à 10 ans. — **Provocation** par faux bruits à retraits de fonds des caisses publiques. L. 3/2. 1893 art. 1, peines de l'art. 420 à ci-dessus.

Balisage. — **Défaut** de déclaration de déplacement ou détérioration accidentelle d'une bouée ou feu. L.

27/3 1882, art 3 §. 2, prison 10 jours à 3 mois, amende 25 à 100. — Destruction volontaire, même loi, art. 5, prison 6 mois à 3 ans, amende 100 à 500. —Récidive, art. 6, double des peines.

Bandes armées. — Chefs, organisateurs et fournisseurs. C. P. art. 96. Mort. — Coopérateurs avec excitation à la guerre civile et au pillage. C. P. art. 97. Mort. — Coopérateurs sans excitation C. P. art. 98, déportation. — Fournisseurs de lieux de retraite ou de réunion. C. P. 99. travaux forcés à temps.

Banqueroute Frauduleuse. C. P. Art 402. Travaux forcés à temps. — Simple C. P. art. 402 § 2, prison 1 mois à 2 ans. — Complicité. C. P. art. 403, mêmes peines. Agents de change et courtiers ; banqueroute frauduleuse. C. P. art. 404 §. 2. Travaux forcés à perpétuité ; Simple, même article § 1 Travaux forcés à temps.

Baraterie. — Détournement du

navire. L. 10-4-1825 art. 12. Travaux forcés à perpétuité. — **Jet ou destruction sans nécessité du chargement**; même loi. Art. 13, Travaux forcés à temps. — **Perte volontaire d'un navire par le capitaine**, même loi, art. 11, Mort. — **Vente frauduleuse de marchandises ou dépenses supposées; vente du navire déchargement de marchandises hors les cas de péril imminent**; même loi. Art. 14. Réclusion.

Barricades. — Construction ou aide L. 24 Mai 1834 art.-9. Détention.

Bateaux à vapeur. — **Abordage par inobservation des réglements.** L. 21 juillet 1856 art. 17, amende 50 à 500 fr, prison 6 jours à 3 mois au capitaine. — **Appareils de sûreté absents et défaut des dispositions réglementaires du local**, même loi, art 11, amende 200 à 4000 fr. Appareils et dispositions non réglementaires, même art. même peine. — Baisse d'eau dans la chaudière. Art. 15, amende 25 à 250 prison 3 jours à un mois au mécanicien. — **Bles-**

sures, art. 20. prison 8 jours à 6 mois, amende 50 à 1000fr.— entraînant Mort, prison 6 mois à 5 ans amende 300 à 3000. — **Capitaine** ou mécanicien sans brevet. Art. 12, amende 200 à 2000 au propriétaire. — **Chaudière** sans timbres ou non timbrée de nouveau après de notables réparations, Art. 10. Amende 400 à 4000fr.— **Contraventions** aux arrêtés sur le nombre des passagers, embarcations, agrès, prescription contre les accidents au départ, passages, des ponts : etc : art 16, amende 50 à 500 fr ; double au propriétaire qui a donné l'ordre, art. 18. — **Permis** fait défaut. art 8, amende 100 à 2000fr. — avec Permis suspendu ou retiré. art. amende 400 à 4000fr, prison 1 mois à 1 an. — **Pression** supérieure par négligence, appareils faussés, art 13 amende 50 à 500fr. au capitaine double au propriétaire qui a donné l'ordre. — **Récidive**. Art. 19 peines doubles. — **Surcharge** des soupapes sans ordre. art. 14. amende 50

500, prison 3 jours, à 3 mois au mécanicien — celui qui a donné l'ordre amende 200 à 2000fr. prison 6 jours à 2 mois.

Bestiaux. — Epizootie.. — Abatage non effectuée des animaux atteints de peste bovine de péripneumonie contagieuse, de rage, **Loi 21** juillet 1881. Art. 30. Prison 6 jours à 2 mois, Amende 16 à 400fr.— **Achat** volontaire d'animaux morts de maladie, même loi. A. 31. Prison 2 à 6 mois, amende 100 à 1000fr. **—Arrêtés** préfectoraux, inobservation, même loi. Art. 30 prison 6 jours à 2 mois, Amende 16 à 400fr. — **Clavelisation** sans autorisation préfectorale, même article, même peine. — **Communication** défendue des animaux infectés avec d'autres, même loi. Art. 31 prison 2 mois à 6 mois, amende 100 à 1000fr. — **Déclaration** non effectuée à la mairie, même loi, Art. 30. prison 6 jours à 2 mois, amende 16 à 400fr. — **Désinfection** du matériel de transport non effectuée, même loi, Art. 33, Amende 100 à 1000 fr. — S'il en résulte une contagion, même article prison 6 jours à 2 mois. — **Enfouissement** avant l'examen du vétérinaire, même loi, art. 30, prison 6 jours à 2 mois, amende 16 à 400. — **Exercice** de l'art vétérinaire, sans diplôme, dans les maladies contagieuses, même loi, même article, mêmes peines. — **Importation** d'animaux atteints, même loi, art. 31, prison 2 à 6 mois, amende 100 à 1000 fr. — **Isolement** non opéré, même loi, art. 30 prison 6 jours à 2 mois, amende 16 à 400 fr. — **Transport** avant l'examen du vétérinaire, même article, mêmes peines. — **Vente** ou mise en vente de la viande d'animaux atteints, même loi, art. 32, prison 6 mois à 3 ans, amende 100 à 2000 fr. — **Vente** ou mise en vente des animaux atteints, même loi, art. 31, prison 2 mois, à 6 mois, amende 100 à 1000 fr. — **Aggravation** si les délits prévus par les Art. 30 et 31 ont occasionné une contagion, même loi. Art. 32 prison 6 mois à 3 ans, amende 100 à 2000 fr. — **Toute autre** infraction Art. 34. Amende 16 à 400. — **Récidive.** Art. 35. Double des peines. — **Garde** à vue dans les récoltes d'autrui avec dommages au-dessus de 15. **Loi** du 6 8bre 1791 Titre 2. Art. 26. prison maxima 1 an, amende égale au dommage.

Beurre et Margarine. — Coloration de la margarine. Loi du 16 Avril 1897. Art. 16, prison 6 jours à 3 mois, amende 100 à 5000 fr. confiscation Art. 20. — **Défaut.** de la **Composition** de la margarine sur étiquettes et factures ; mêmes articles, mêmes peines. — de **Déclaration** de fabrication de la margarine ; mêmes peines — de **Déclaration** de la nature du colis dans l'expédition de la margarine ; mêmes peines — d'**Enseigne** margarine sur la fabrique ou le dépôt ; mêmes peines — d'**Expédition** de margarine dans les récipients réglementaires ; mêmes peines — de **Marque** margarine sur toutes les faces des fûts et caisses ainsi que du Nom et adresse du fabricant ; mêmes peines. — de

Marques au détail sur les pains cubiques et sur l'enveloppe au nom du vendeur ; mêmes peines. — **Désignation**, exposition, vente et mise en vente, importation et exportation, sous le nom de beurre de produit non exclusivement fait avec du lait ou de la crème ; mêmes peines. — **Fabrication** ou détention de margarine dans les fabriques ou débits de beurre ; mêmes peines. — **Refus** d'entrée aux inspecteurs, même article 16, amende 500 à 1000 fr. — **Voituriers** transportant sciemment sans désignations exigées ; même article. Amende 50 à 500 fr.

Bigamie. — C. P. Art. 340. Travaux forcés à temps. Même peine à l'officier public complice.

Billets de banque. — Contrefaçon ou usage. C. P. Art. 139. Travaux forcés à perpétuité. — **Imitation.** L. 11 7. 1885. — Prison 5 jours à 6 mois, amende 16 à 2000 fr.

Blessures et coups. — Volontaires : avec **Incapacité** de travail de plus de 20 jours C. P. Art. 309 §. 1, prison 2 à 5 ans, amende 16 à 2000 fr. privation des droits de l'art. 42 de 5 à 10 ans. — avec **Mort** sans intention de la donner, même art. §. 4, Travaux forcés à temps. — avec **Mutilation**, même art. §. 3 Réclusion. — avec **Préméditation**. C. P. art. 310 travaux forcés à perpétuité si la **Mort** a suivie ; *mutilation*, travaux forcés à temps : *incapacité* de 20 jours : réclusion. — sans *incapacité* ni maladie. C. P. art. 311 prison 6 jours à 2 ans, amende 16 à 200 fr. — avec *préméditation*, prison 2 à 5 ans, amende 50 à 500 fr. — à des **Ascendants**. C P. art. 312, *sans* maladie, réclusion. — avec incapacité de 20 jours ; maximum de la réclusion ou travaux forcés à temps — avec *mutilation*, travaux forcés à perpétuité. — avec *préméditation*, maximum de la réclusion ou peine du degré supérieur en **Réunion** séditieuse avec rébellion ou pillage. C. P. art. 313. Les chefs punis comme les auteurs directs. — **Involontaires**, déterminant *l'homi-*

cide. C. P. art. 319, prison 3 mois à 2 ans, amende 50 à 600 fr. — déterminant *blessures* ou coups seuls. C. P. art. 320, prison 6 jours à 2 mois, amende 16 à 100 fr.

Boissons falsifiées. — C. P. art. 423. prison 3 mois à 1 an, amende de 50 fr. au quart des restitutions ou dommages. — avec **Substances** nuisibles. L. 27|3 1851 art. 2, prison 3 mois à 2 ans, amende de 50 fr. au quart des restitutions ou dommages.

Bornes. — **Déplacement** ou suppression. C. P. art. 456 prison 1 mois à 1 an, amende de 50 fr. au quart des restitutions et dommages. — **Enlèvement** pour commettre un *vol*. C. P. art. 389, prison 2 à 5 ans, amende 16 à 500 fr. privation des droits de l'art. 42 de 5 à 10 ans, interdiction de séjour de même durée.

Bouchers. — **Poids** faux : *possession*. L. 27|3 1851. Art. 3 prison 6 à 10 jours, amende 16 à 25 fr. —

Usage. C. P. art. 423 prison 3 mois à 1 an, amende de 50 fr. au quart des restitutions et dommages, confiscation. — **Substances corrompues** possession. L. 27|3 1851 Art. 3. prison 6 à 10 jours, amende 16 à 25 fr. — si la substance est *nuisible*, même art. §. 2. prison 15 jours, amende 50 fr. — **Vente avec manœuvres frauduleuses**. C. P. art. 423. prison 3 mois à 1 an, amende de 50 au 1|4 des restitutions et dommages. — **Viande** corrompue vendue ou mise en vente, même article 423, mêmes peines, confiscation. **Récidive** dans les 5 ans. L. 27|3 1851. Art. 4, peine double du maximum, amende jusqu'à 1000 fr.

Boulangers. — Comme bouchers.

Brevets d'invention. — Contrefaçon des produits brevetés. L. 5 juillet 1844 titre V. art. 40, amende 100 à 2000 fr. — Recéleurs ou vendeurs, même loi, art. 41, même peine. — **Récidive** dans 5 ans, même loi, art. 43, même amende. prison 1 à 6 mois. — si le contrefacteur est ouvrier du breveté, même art. même prison.

Brocanteurs.— Achat d'objets mobiliers à des enfants mineurs sans le consentement écrit des parents et à une personne inconnue non assistée de deux témoins connus qui signent au registre. Loi du 15 février 1898. art. 2. Prison 5 jours à 1 mois, amende 5 à 200 fr.

C

Cadavres. — Recel simple du cadavre d'une personne homicidée. C. P. art. 359. prison 6 mois à 2 ans, amende 50 à 400 fr.

Cafés. —Ouverture sans *autorisation* L. 17 juillet 1880. art. 4, amende 16 à 100 fr. — Ouverture pour une *foire* sans autorisation *municipale*, même peine et fermeture. — Ouverture par des *mineurs*, *interdits* ou *condamnés* de droit commun à *un* mois de prison au moins, même loi, art. 8, amende 16 à 200 fr. en *Récidive*, amende double, prison 6 jours à un mois. — **Translation** ou **mutation** non déclarée, même loi, art. 4. amende 16 à 100 fr.

Caisses d'épargne. — Loi du 20 juillet 1895. Nom de Caisse d'épargne à établissement non autorisé. art. 13. prison 3 mois à 2 ans, amende 25 à 3000 fr. Affichage du jugement.

Caisses publiques. — **Provocation** par moyens frauduleux ou **retrait** de fonds des caisses publiques. C. P. art. 420. prison 2 mois à 2 ans, amende 1000 à 20.000 fr. interdiction de séjour de 5 à 10 ans.

Cartes à jouer. — **Contrefaçon** des moules et marques. C. P. art. 142 prison 2 à 5 ans, privation des droits de l'art. 42 de 5 à 10 ans, interdiction de séjour même durée. — **Emploi préjudiciable des marques** véritables, C. P. art. 143, prison 6 mois à 3 ans, mêmes interdictions. — **Fabrication,** *vente* ou *colportage* sans autorisation de la régie. L. 28 avril 1816, art. 166, prison 1 mois.

amende 1000 à 3000 fr. et confiscation — en récidive, amende 3000 fr.

Cartouches.—*Fabrication, vente, détention* de cartouches de guerre sans autorisation. L. 24 mai 1834, art. 3, prison 1 mois à 2 ans, amende 16 à 1000 fr.

Castration. — C. P. 316, travaux forcés à perpétuité. Si la *mort* en est résultée avant 40 jours, même article §. 2: mort.

Certificats. — de bonne *conduite* ou *indigence* sous le nom d'un onctionnaire. C. P. art. 161, prison 6 mois à 2 ans. — **Falsification** et *usage*, mêmes peines. — **Faux** lertificat sous le *nom* d'un particucier, même art. prison 15 jours à 6 mois. — **Maladie** sous le nom d'un médecin pour affranchir soi-même ou autrui d'un service public. C. P. art. 159, prison un à 3 ans — ce certificat délivré par un *médecin* dans le même but. C. P. art. 160, prison 1 à 3 ans. Avec *dons* ou *promesses* prison 1 à 4 ans, même article, privation des droits de l'art. 42 de 5 à 10 ans, les *corrupteurs* : mêmes peines.

Chantage. — Menace écrite ou verbale de révélations sous condition de remise de fonds ou valeurs. C. P. art, 400 §. 2. prison un à 5 ans, amende 50 à 3000 fr.

Chasse. — Appeaux usage, L. 3 mai 1844 art. 12 §. 6. prison 6 jours à 2 mois, amende 50 à 200 fr. — Contravention du *cahier des charges* par le fermier, même loi, même article §. 5, même amende. — Destruction ou prise sur terrain d'autrui des œufs ou couvées de faisans, perdrix ou cailles, même loi, art. 11 §. 4. amende de 16 à 100 fr. — Destruction *d'oiseaux* s'il existe un arrêté préfectoral, même article §. 3, même amende. — Circonstances aggravantes : *déguisement*, *faux nom*, *menaces*, *récidive*, *violences*, même loi, art. 14, peines doubles. — Chiens lévriers, si un arrêté ne les autorise pas pour la destruction des animaux malfaisants, même loi, même article §.5, amende. 16 à 100 fr. — Drogues ou appâts enivrants ou destructeurs, même loi, art, 12, §, 5 prison 6 jours à 2 mois, amende 50 à 200 fr. —Engins prohibés. *Détention ou port* hors du domicile, même loi, art. 12 §. 3, mêmes peines. — Usage, même loi, même article §.2 mêmes peines, confiscation. — Gibier d'eau si un arrêté préfectoral réglemente cette chasse, même loi, art. 11 §, 3, amende 16 à 100 fr. — Neige, chasse en temps de neige si l'arrêté existe, même article, même peine, — Nom supposé dans un permis et *usage*, C. P. art. 154. prison 3 mois à 1 an. —Nuit, chasse la nuit, même loi 1844 art. 12 §. 2, prison 6 jours à 2 mois, amende 50 à 200. — Oiseaux de passage si l'arrêté existant n'est pas observé, même loi, art. 11 §. 3. amende 16 à 100. — Permis *faux falsification* d'un véritable, *usage*, C. P. art. 153. prison 6 mois à 3 ans — Chasse *sans* permis, même loi, de 1844, art. 11. § 1. amende 16 à 100. fr. —Temps prohibé, (chasse en,) même loi, art. 12 § 1. prison 6 jours à 2 mois amende 50 à 200 fr.— dans le même temps prohibé, *mise en vente*, *vente*, *achat*, *transport*, ou *colportage* du gibier, même loi, même article, § 4, mêmes peines. — **Terrain** d'autrui (chasse sur:) sans consentement du propriétaire, même loi, art. 11 §. 2 amende 16 à 100 fr.— si le terrain est *couvert* de récoltes, *clos* mais *non attenant* à une habitation, même article, même paragraphe No 2, amende double — sur terrain *clos* et *attenant* à une habitation, même loi, art. 18, prison 6 jours à 3 mois, amende 50 à 300 fr. — *de nuit*, prison 3 mois à 2 ans, amende 100 à 1000 fr

Chemins de fer. — Abandon de poste par mécanicien ou garde-frein. L. 15 juillet 1845, art. 20 : prison 6 mois à 2 ans. — Accident par maladresse, imprudence, inattention négligences ou inobservation des lois : *avec blessures*, même loi, art. 19. prison 8 jours à 6 mois, amende 50 à 1000 fr.: avec *mort*, même article prison 6 mois à 5 ans, amende 300 à 3000 fr.— **Arrêtés.** Contraventions aux ordonnances et arrêtés préfectoraux réglementant la police, la sûreté et l'exploitation des chemins de fer, même loi, art. 21, amende 16 à 3000 fr en *récidive* amende double, prison 3 jours à 1 mois. — Cahier des charges, contraventions aux clauses par le concessionnaire touchant la navigation, la viabilité des routes, l'écoulement des eaux, même loi, art. 14 amende 300 à 1000 fr. — Clôture de la voie faisant défaut, même loi, art. 11, amende de 16 à 300 fr. — Constructions autres qu'un mur de clôture à moins de deux mètres de la voie (à 3m 50 des rails), même art. 11, même amende. suppression. — Dépôt de matières *inflammables* à moins de 20m, même art. 11, même amende, suppression. — Dépôt sans autorisation de matières *non inflammables* à moins de 5m si la voie n'est pas en remblai, même loi, même art. 11, amende 16 à 300 fr. suppression de la cause. — Destruction de la voie ou tentative de **Déraillement**, même loi, art. 16, réclusion — avec *homicide* : Mort — avec *blessures*, travaux forcés à temps — si le crime est commis en *réunion séditieuse*, les chefs et provocateurs seront punis des mêmes peines, même loi, Art. 17, sauf la peine de mort remplacées pour les chefs par celle des travaux forcés. — Excavations dans une zone de largeur moindre que la hauteur verticale du remblai, même loi, art. 11, amende 16 à 300 fr. suppression de la cause. — **Menace** *écrite* de destruction ou de déraillement *sous condition*, même loi, art. 18 prison, 3 à 5 ans — *sans condition* prison 3 mois à 2 ans, amende 100 à 500 fr. — **Menace** *verbale*, même article 18, prison 15 jours à 6 mois, amende 25 à 300 fr. interdiction de séjour de 2 à 5 ans.

Clefs. — **Altération** ou contrefaçon. C. P. 399. prison 3 mois à 2 ans, amende 25 à 150 fr. -Si le coupable est serrurier, même article

§.2 prison 2 à 3 ans et amende 50 à 500 fr, privation des droits de l'art. 42 de 5 à 10 ans, interdiction de séjour de 5 à 10 ans.

Clôtures. Destruction. C. P. 456. prison 1 mois à 1 an, amende de 50 fr. au quart des restitutions ou dommages.

Commandement militaire — Usurpation. C. P. art. 93. Mort.

Compte-rendu des procès en diffamation sauf le jugement. — **Loi** 29 juillet 1881, art. 39. Amende 100 à 2000 fr. — Compte-rendu des délibérations intérieures des jurys et tribunaux, même loi, même article, même peines.

Contrefaçons. — **Billets de Banque**, bons du Trésor ou usage. C. P. art. 139, travaux forcés à perpétuité. — **Littéraire**, contrefacteur ou introducteur. C. P. art. 427. amende 100 à 2000 fr. —le *débitant*, amende 25 à 500 fr. confiscation. — **Marques** de marchandises apposées au nom du gouvernement. C. P. art. 142 prison 2 à 5 ans, privation des droits de l'art. 42 et interdiction de séjour de 5 à 10 ans. — *Tentative* et *usage*, même article, même peine — *usage* préjudiciable des *vrais* marques ou *tentative*, C. P. art. 143, prison de 6 mois à 3 ans, privation des droits de l'Art. 42 et interdiction de séjour de 5 à 10 ans. — Poinçons, contrefaçon ou usage. C. P art. 140. Travaux forcés à temps — *usage* préjudiciable des *vrais* poinçons, C. P. art. 141, Réclusion. — Sceau de l'Etat, contrefaçon ou usage. C. P. art. 139. travaux forcés à perpétuité. — Sceau d'une autorité, tentative ou usage, C. P. art. 142. prison 2 à 5 ans, privation de droits et interdiction de séjour de 5, 10 ans—Timbres postes, tentative ou usage, même art. mêmes peines. — Timbres. nationaux, contrefaçon ou usage C. P. art. 140 Travaux forcés à temps. — usage préjudiciable des *vrais* timbres C. P. art. 141. Réclusion.

Costume. — Usurpation, C. P. art. 259 prison 6 mois à 2 ans.

Courses de chevaux. — **Agences** C. P. art. 410 prison 2 ans à 6 mois, amende 100 à 6000, interdiction des droits de l'art. 42 de 5 à 10 ans. Saisie. — **Paris,** même article, même peine.

Crédit Agricole. — Loi du 5 novembre 1894 art. 6 (modifié le 20 juillet 1901). — Fausse déclaration relative aux statuts où aux noms et qualités des administrateurs, directeurs ou sociétaires. — Amende 16 à 500 fr, aux administrateurs.

Cri séditieux. — **Loi** 29 juillet 1881. art. 24. § 2. Prison 6 jours à 1 mois, amende 16 à 500 fr.

Cultes. — **Appartement** ou maison prêtés sans autorisation pour l'exercice d'un culte. C. P. art 294, amende 16 à 200 fr. — **Célébration** du mariage religieux sans justification de l'acte de mariage civil. C. P. art. 199 amende 16 à 100 fr. ***Première*** récidive prison 2 à 5 ans C. P. art, 200. *Seconde récidive,* même article, détention. — Correspondance avec l'étranger sans autorisation sur des questions religieuses. C. P, art, 207, prison 1 mois à 2 ans, amende, 100 à 500 fr. — *Accompagnée ou suivie* de faits contraires aux lois et ordonnances, C. P, 208 bannissement ou peine plus forte suivant la nature des faits. — Coups au ministre d'un culte dans ses fonctions C. P, art. 263, dégradation civique. — Critique par écrit des actes de l'autorité, C. P, art 204 bannissement. Avec *provocation* à la désobéissance ou à la révolte, C. P, art. 205, détention. Si la provocation est suivie d'effet C. P. art. 206 déportation ou peine plus forte suivant la nature de l'effet. — Critique publique des actes de l'autorité, C. P. art. 201, prison 3 mois à 2 ans. Avec *provocation* à la désobéissance ou à la révolte, C. P. art. 202 prison 2 à 5 ans suivie de *désobéissance*, même art., bannissement — suivie de *révolte* C. P. art. 203 bannissement ou peine plus forte suivant la nature des faits. — Entraves à l'exercice par désordres dans le temple, C. P. art. 261, prison 6 jours à 3 mois amende 16 300 fr. — Entraves par voies de fait ou menaces, C. P. 260, prison, 6 jours à 2 mois, amende 16 à 200 fr. — Outrages par paroles ou gestes envers les ministres dans leurs fonctions ou objets du culte dans le temple, C. P. art. 262 prison 15 jours à 6 mois, amende 16 à 500 fr.

— D. —

Décorations. — **Acceptation** par personne élue de ou promesses pour faire obtenir des-décorations C. P. art. 177§.4 Dégradat. civique, amende, double de la valeur des dons ; minimum 200 fr. Interdiction des droits, art. 42 de 5 à 10 ans — Personne non élue même article§. 5, prison 1 à 5 ans et les mêmes autres peines. — **Port** illégal, C. P. art. 259, prison 6 mois à 2 ans.

Deni de justice. — **Voir** : abus d'autorité.

Dénonciation calomnieuse. — Par écrit auxofficiers de justice. C.P.

art. 373. Prison un mois à 1 an, amende de 100 à 3000.

Denrées alimentaires. — **Tromperies.** Voir bouchers. — **Hausse et baisse.** Voir baisse.

Dentistes. — **Défaut** de diplôme de docteur ou de chirurgien-dentiste, L. 30 novembre 1892, Art. 18; § 2. Amende 50 à 100. Récidive dans les 5 ans, amende 100 à 500 fr. — (les dentistes patentés le 1er Janv.92 continuent à exercer). — **Diplôme** non enregistré, même loi, art. 22, amende 25 à 100 fr. — **Pseudonyme** interdit, art. 18: amende 50 à 100 fr.; en récidive 100 à 500. — **Usurpation** du titre de docteur ou d'officier de santé, même loi, art. 19, amende 1000 à 2000 fr.. récidive: prison 6 mois à 1 an amende 2000 à 3000 fr.— usurpation du titre de dentiste, même art. §2. amende 100 à 500 fr.; récidive: prison 6 jours à 1 mois, amende 500 à 1000 fr.

Dépositaires publics. — **Destruction,** suppression, soustraction d'*actes* et *titres* par juge ou fonctionnaire dépositaire, C. P. Art. 173. Travaux forcés à temps; par les agents ou commis; même article. — **Soustraction** de *deniers, titres, pièces* et *actes* par percepteur ou comptable public, C. P. art. 169 valeur au dessus de 3000 fr.: travaux forcés à temps, amende du douzième au quart des restitutions et indemnités. — Soustraction de valeur égale ou excédant le tiers du dépôt ou le cautionnement, C. P. 170, mêmes peines. — **Soustraction** de valeur au dessous de 3000 fr., C. P. art 171. Prison de 2 à 5 ans. Incapacité d'exercer les fonctions publiques, même amende. — **Soustraction**, destruction de *pièces, actes, archives* par négligence, C. P. art. 254. Prison 3 mois à 1 an, amende 100 à 300 fr. --par le dépositaire, C. P. art.— 255, travaux forcés à temps, —avec *violences*, art. 256., travaux forcés à temps.

Déserteurs. — **Inexécution** des lois relatives aux déserteurs ou entraves par un fonctionnaire. Loi 24 brumaire an VI art. 1er, prison 2 ans. — **Favoriser** la désertion ou empêcher le départ des conscrits par écrits ou discours, même loi, art. II, prison 2 ans, amende 500 à 2000 fr., destitution. — **Recel** ou évasion, même loi, art. IV, prison 1 an, amende 300 à [illegible]000 fr.,—avec armes et bagages, même article, prison 2 ans.

Destruction d'Actes (voir dépositaires). — *Actes* de l'autorité, *effets* de commerce ou de banque, C. P. art. 439, réclusion, *régistres*, *minutes*, même article, prison 2 à 5 ans, amende 100 à 300 fr. — **Archives** par particulier, C. P. art. 255, réclusion,—avec *violences*, art. 256, travaux forcés à temps. — *Edifices*, *ponts*, *digues*, *chaussées*, *constructions* à autrui, *machine* à vapeur, C. P. art. 437, réclusion, amende de 100 fr. au quart des restitutions et indemnités,— avec homicide, même article : mort ; avec blessures, travaux forcés à temps. —*Instruments* d'agriculture, *parcs* de bestiaux, *cabanes* de gardiens, C. P. art. 451, prison 1 mois à 1 an. — ***Objets*** saisis C. P. art. 406, prison 2 mois à 2 ans, amende de 25 fr. au quart des restitutions et dommages, interdiction des droits de l'art. 42 de 5 à 10 ans, — chez le *tiers* dépositaire, C. P. art. 401, prison 1 à 5 ans, amende de 16 à 500 fr. Interdiction des droits et de séjour. — **Propriétés** de l'Etat, édifices, magasins, arsenaux, vaisseaux par l'explosion d'une mine, C. P. art. 95, mort. — **Récoltes** sur pied ou plants, C. P. art. 444, prison 2 à 5 ans Interdiction de séjour 5 à 10 ans.

Détentions illégales et arbitraires. — **Réception** d'un prisonnier par un gardien sans mandat ni ordre. C. P. art 120. Prison 6 mois à 2 ans, amende 16 à 200 fr. — **Retention** d'un individu hors des lieux déterminés. C. P. art. 122. Dégradation civique. — **Refus** de constat par un fonctionnaire public. C. P. art. 119. Dégradation civique et dommages minimum 25 fr. par jour.

Détenus. — Refus par gardien de représenter un prisonnier sans justification. C. P. art. 120. Prison 6 mois à 2 ans, amende 16 à 200 fr. Mêmes peines pour réception sans mandat.

Diffamation. — Cartes postales et autre correspondance à découvert. Loi du 11 juin 1887 art. 1er prison 5 jours à 6 mois, amende 25 à 3000 fr. — Cours, tribunaux, armée, administration par discours, écrit, affiches, dessins. Loi du 29 juillet 1881. art. 30. Prison 8 jours à 1 an, amende 100 à 3000 fr. — Ministre, député, fonctionnaire, juré, témoin, par les mêmes moyens, même loi, art. 31 mêmes peines. — Morts visant héritiers vivants, même loi, art. 34, mêmes peines. — Particuliers, par les mêmes moyens, même loi, art. 32, prison 5 jours à 6 mois, amende 25 à 2000 fr.

Drogues. — Vente par épiciers ou droguiste de composition pharmaceutique ou drogues simples au poids médicinal. Loi 21 Germinal an XI art. 33, amende 500 fr.

Dynamite. — Autorisation du gouvernement de l'Art. 3. de la loi du 8 mars 1875 fait défaut, même loi. art. 8, prison 1 mois à 1 an, amende 100 à 10000 fr. — Cautionnement de l'Art. 3, n'a pas été effectué, même loi, même art. 8. mêmes peines — Déclaration fausse pour transport et emmagasinage, même art. 8., mêmes peines. — Détention sans déclaration, (D. 18. 10. 1882. Art. 13) puni par le même art. 8, mêmes peines. — Importation sans autorisation, même art. 8. mêmes peines. — Port sans déclaration (D. 18. 10 1882. art. 8.) mêmes peines.

— E. —

Eaux minérales. — Défaut d'autorisation ou de déclaration pour sondage ou travail souterrain. — L. 14 juillet 1856. Art. 13. amende 50 à 500 fr. — Réglements d'ordre et de salubrité (Infractions aux) même loi. A. 14. amende 16 à 100 fr. — Reprise des travaux interdits ou suspendus. A. 13. amende 50 à 500 fr.

Elections. — Achat ou vente de suffrages. C. P. 113. Interdiction des droits civiques et fonctions de 5 à 10 ans amende double des dons. — Altération des bulletins ou changement de nom par scrutateur. L. 2 Février 1852. art. 35. prison 1 à 5 ans, amende de 500 à 5000 fr ; plus dégradation civique C. P. 111. — Autres que les scrutateurs C. P. 112. prison 6 mois à 2 ans interdiction de vote de 5 à 10 ans — Attroupements, voies de fait, menaces pour empêcher d'exercer droits civiques. C. P. art. 109. prison 6 mois à 2 ans, interdiction de vote et d'éligibilité 5 à 10 ans — Si par suite d'un plan général ou partiel. C. P. 110. Bannissement — Attroupements, clameurs, démonstrations menaçantes pour troubler collége ou liberté du vote D. 2. 2. 1852. art. 41 : prison 3 mois à 2 ans, amende 100 à

2000 fr. — Candidatures multiples. L. 17 juillet 1889 art. 6 : amende 10.000 fr. au candidat ; 1000 à 5000 fr. aux afficheurs et distributeurs. — Corruption (tentative). L. 9 Décembre 1884. art. 19. prison 3 mois à 2 ans ou 50 à 500fr. amende. — **Délégué** sénatorial pas pris part aux scrutins. L. 2 Août 1875 art. 18. amende 50 fr. au tribunal civil, dito au délégué suppléant. — **Dons** et promesses pour donner ou procurer suffrage. D. 2. 2.52. art. 38. prison 3 mois à 2 ans, amende 500 à 5000. — Acceptation emploi, mêmes peines. — si fonctionnaire coupable, peines doubles. **Enlèvement** de l'urne des suffrages D. 2. 2. 52. art. 46 prison 1 à 5 ans, amende 1000 à 5000 fr. — En réunion et violences : Réclusion. — Fausses déclarations et certificats pour inscription ou celle d'autrui, tentative ou complicité. L. 7. Juillet 1874. art. 6 prison 6 jours à 1 an, amende 50 à 500 fr. — Fausses nouvelles, bruits calomnieux pour surprendre ou détourner suffrages. D. 2. 2. 52 art. 40 prison 1 mois à 1 an, amende 100 à 2000 fr. — **Inscription sur bulletin d'un nom autre que celui désigné par électeur.** D. 2. 2. 52 art. 36. prison 1 à 5 ans, amende 500 à 5000 fr. et dégradation de l'art. 111. du C. P.— **Inscription frauduleuse sur listes électorales.** D. 2. 2. 52 art. 31 prison 1 mois à 1 an, amende 100 à 1000 fr **Interdiction aux agents de l'autorité de distribuer bulletins ou circulaires.** L. 30 Novembre 1875 art. 22. amende 16 à 300 fr. — **Irruption violente dans collège** D. 2. 2. 52. art. 42, prison 1 à 5 ans, amende 1000 à 5000 fr. — avec armes et violation du scrutin, art. 43 : réclusion —par suite d'un plan général ou particl. art 44, travaux forcés. — **Outrages ou violences ou retard des opérations par membre du collège.** D. 2. 2. 52. art. 45 : prison 1 mois à 1 an. amende 100 à 2000 fr. — **Violation du scrutin par membre du bureau ou gardien.** D. 2. 2. 52 art. 47 : réclusion — **Voies de fait, violences, menaces** ou crainte de perte pour empêcher ou influencer vote. D. 2. 2. 52 art: 39: prison 1 mois à 1 an, amende, 100 à 1000 fr. — si fonctionnaire double. — **Vote par déchu du droit** même décret, art. 32, prison 16 jours à 3 mois, amende20 à 500 fr. — sous faux nom, art. 33, 6 mois à 2 ans, amende 200 à 2000 fr. — Multiples. art. 34, mêmes peines.

Embauchage. — D'ouvriers pour l'étranger afin de nuire à l'industrie nationale. C. P. 417: prison 6 mois à 2 ans, amende 50 à 300 fr.

Emigration. — **Défaut d'autorisation pour engager ou transporter des émigrants.** L. 18 juillet 1860 art. 10 amende 50 à 5000 fr. Récidive double. — **Départ du navire sans certificat des prescriptions remplies**, même loi, mêmes peines.

Empoisonnement. — C. P. a. 302: Mort.

Enfants. — **Blessures ou coups à un enfant au dessous de 15 ans ou privation d'aliments et de soins.** C.

P. art. 312 § 2. prison 1 à 3 ans, amende 16 à 1000 fr. — S'il résulte maladie de plus de 20 jours ou préméditation prison 2 à 5 ans, amende 16 a 2000 fr. privation des droits de l'art. 42. de 5 a 10 ans. — Si par ascendants ou gardiens sans maladie: mêmes peines, si maladie: réclusion — Si mutilation suivie de mort: Travaux forcés — par ascendants: à perpétuité — Si intention de donner la mort: peines de l'assassinat. — **Dépôt** dans un hospice d'enfant de moins de 7 ans confié pour soins sans obligation de pourvoir gratuitement à son entretien: C. P. 348. prison 6 semaines à 6 mois, amende 16 à 50. — **Enlèvement** recel, suppression, substitution, supposition. C. P. art. 345: réclusion — si l'enfant n'a pas vécu. même article § 3. prison 6 jours à 2 mois s'il n'est pas établi qu'il ait vécu même article § 2. prison 1 mois à 5 ans. — **Exposition**, abandon dans lieu solitaire enfant ou incapable. C. P. art. 349, prison 1 à

3 ans, amende 16 à 1000. — Contre ascendants ou gardiens. art. 350 prison 2 à 5 ans, amende 50 à 2000 — si maladie de plus de 20 jours. art. 351 : maximum — si mutilé même article : Réclusion — si coupables sont ascendants ou gardiens, si maladie : Réclusion : si mutilé ou estropié : travaux forcés à temps. — si mort : peines du meurtre. — dans un lieu non solitaire. art. 352. prison 3 mois à 1 an, amende 16 à 1000 — si ascendants ou gardiens ; 6 mois à 2 ans, amende 25 à 200. — si maladie ou incapacité de plus de 20 jours. art. 353. prison 1 à 5 ans, amende 16 à 2000 — si mort : travaux forcés à temps — si ascendants ou gardiens, maladie : Réclusion ; mort : travaux à perpétuité. — **Remise** d'un nouvau-né trouvé non effectuée à l'officier de l'état civil. C. P. art. 347. prison 6 jours à 6 mois, amende 16 à 300 (art. 346) sauf si l'auteur prend charge après déclaration à la mairie. — **Représentation** de l'enfant refusée aux ayant droits

par gardiens. C. P. art. 345 : Réclusion.

Enfants. — du 1er âge. — **Bureau** de nourrices ou placement d'enfants sans autorisation préfectorale. L. 23 decembre 1874 art. 11. amende 16 à 100. récidive. prison 5 jours, ainsi que pour maladie — si décès de l'enfant. C. P. 319. 3 mois à 2 ans, amende 50 à 600. — **Changement** de résidence, d'entrée, de retrait, de décès, non déclaré par la nourrice ou gardienne payée, même loi. art. 9. C. P. 346. 6 jours à 6 mois amende 16 à 300. — **Déclaration** de mise en nourrice payée non effectuée à la mairie par le placeur, même loi art. 7. peines du 346. — **Déclarations** fausses dans certificats de nourrices, même loi, art. 8, contre le certificateur, C. P. art. 155. prison 1 mois à 6 mois. — **Registre** des déclarations absent ou tenue irrégulière, au maire C. Civil art. 50 amende 100 fr. devant le tribunal de 1er instance.

Enfants. — dans professions ambulantes. — **Déterminer mineurs au dessous de 16 ans à quitter domicile parent ou tuteur.** L. 7 décembre 1874 art. 2. (19.4.98) pour intermédiaires et agents art. 2. prison 6 mois à 2 ans, amende 16 à 200. — **Livraison de mineurs au-dessous de 16 ans par parents ou gardiens à saltimbanques** même loi art. 2. mêmes peines. — **Mendicité par enfants au-dessous de 16 ans, aux ordonnateurs** même loi, art. C. P. 276. prison 6 mois à 2 ans. — **Papiers d'identité des enfants manquant au patron qui les conduit** L. 7. 12. 74. art. 14, prison 1 à 6 mois, amende 16 à 50. — **Tours de force ou dislocation par enfant au-dessous de 16 ans,** même loi art. 1 prison 6 mois à 2 ans, amende 16 à 200 fr. — si père et mère au-dessous de 12 ans: mêmes peines.

Engrais. — Tromperie sur nature. L. 4 Février 1888 art. 1. prison 6 jours à 1 mois, amende 50 à 2000 fr. Récidive dans 3 ans: 2 mois et 4000 fr.

Enlèvement de Mineurs. — d'Enfant à la personne qui en a la garde par décision judiciaire C. P. art. 357 (5. 12. 1901). Prison 1 mois à 1 an, amende 16 à 5000 fr — 3 aussi le coupable est déchu de la puissance paternelle — Mêmes peines *refus de représentation* du mineur à ceux qui ont le droit de le réclamer. — Fille au-dessous de 16 ans. C. P. 355. Travaux forcés à temps — si elle suit volontairement majeur de 21 ans. C. P. 356 travaux à temps. — **Fraude et violence.** C. P. 354 : Réclusion. — **Ravisseur mineur.** C. P. 356. prison 2 à 5 ans.

Enrôlement de soldats. — Fourniture d'armes et munitions sans ordre. C. P. 92 : Mort.

Enseignement primaire. — Loi du 30 octobre 1886. — Ouverture ou direction d'une école sans remplir les conditions (Français, brevet de capacité) déclaration (Préfet, Procureur de la République, inspecteur d'Académie, maire) ; avant *un mois* de la demande ; avec *titre d'école supérieure* sans brevet correspondant ; *réception* sans autorisation d'enfants des deux sexes ou au-dessous de six ans s'il existe des écoles spéciales; *malgré oppositions.* art. 40, amende 100 à 1000 fr. fermeture — Récidive : prison 6 jours à 1 mois amende 500 à 2000 fr. — Refus par directeur d'école privée de se soumettre à la surveillance et inspection des autorités scolaires. art. 42. amende 50 à 500 fr. — Récidive 100 à 1000 fr., fermeture au 2me récidive.

Escroquerie — Manœuvres frauduleuses pour se faire remettre fortune d'autrui C. P. art. 405, prison 1 à 5 ans, amende 50 à 3000 fr. interdictions des droits de 5 à 10 ans.

Espionnage. — Correspondance avec l'ennemi pour renseignements nuisibles à situation militaire ou politique de la France ou d'alliés. C. P. art. 78 : Détention. — **Déguisement** pour pénétrer dans place forte ou lever plans. L du 18 Avril 1886 art. 5 : prison 1 à 5 ans, amende 1000 à 5000 fr. — **Levé** de plan sans autorisation à un myriamètre des places fortes, même loi, art. 6. prison 1 mois à 1 an, amende 100 à 1000 fr. — **Livraison** par fonctionnaires ou chargé de mission, de plans, documents de la défense ou renseignements, même loi, art. 1er. prison 2 à 5 ans, amende 1000 à 5000 fr. Révocation — par personne sans mission. art. 3 : 1 à 5 ans, amende 500 à 3000 fr. — d° publication et reproduction. — **Manœuvre** pour entrée des ennemis sur territoire ou livraison de ville, de secours. C. P. art 77. Mort. — **Négligent** qui aurait laissé soustraire documents. L 18. 4. 86. art. 4. prison 3 mois à 2 ans amende 100 à 2000 fr. — **Reconnaissance** d'ouvrages en franchissant les barrières, en escaladant les talus, même loi, art. 7, prison 6 jours à 6 mois, amende 16 à 100 fr. — **Soustraction** de documents, même loi, art. 3 : prison 6 mois à 3 ans, amende 300 à 3000 fr.

Etat civil. — Contraventions aux arts. 34 à 49 du Code Civil. C. Civil art 50 : amende 100 fr. au civil. — **Inscription** sur feuilles volantes.

C. P. Art. 192. prison 1 à 3 mois amende 16 à 200 fr. — **Mariage** : Consentement des parents fait défaut C. P. art. 193. prison 6 mois à un an, amende 16 à 300 fr. — **Fils** au-dessous 25 ans, filles au-dessous 21 ans sans actes respectueux C. Civil 156, prison 1 mois, amende 16 à 300 fr. — **Non** public devant officier civil du domicile d'un époux. C. Civil art. 193. amende 16 à 300 fr. — **Publications**, dispenses ou délais non observés. C. Civil art. 192, même amende. — **Réception** avant 10 mois de l'acte de mariage d'une femme ayant déjà été mariée. C. P. 194. amende 16 à 300 fr.

Etrangers. — **Déclaration** fausse ou inexacte. L. 8 Aout 1893. Art. 3. amende 100 à 300 fr. Interdiction de séjour — non faite à l'arrivée, même loi, même article amende 50 à 200 fr. — **Expulsé** rentré sans autorisation du gouvernement même loi, même article, prison 1 à 6 mois, expulsé, à la fin de la peine. — **Refus** de produire le certificat de déclaration; même loi, même article: amende 50 à 200 fr.

Evasion. **Evadé** prévenu ou condamné pour délits infamants ou prisonnier de guerre. C. P. art, 238 aux gardiens négligents prison 6 jours à 2 mois — si connivence 6 mois à 2 ans — aides 6 jours à 3 mois — si violence ou bris: art. 241 3 mois à 2 ans. — **Evadé** sous le coup de peines afflictives C. P. 239. aux gardiens 2 à 6 mois — connivence: réclusion — aides 3 mois à 2ans — si violences ou bris: art.241: 1 à 4 ans. — **Evadé** sous le coup de peines de mort ou perpétuelles. C. P. art. 240. gardiens 1 à 2 ans — connivence: travaux forcés — aides 1 à 5 ans — bris (. art. 241) 2 à 5 ans, amende 50 à 2000 fr. Interdiction. — **Evasion** avec bris, violences et armes. C. P. 243. gardiens: travaux forcés à perpétuité; les autres: travaux à temps. — **Evadé** lui-même avec bris ou violences. art 245. prison 6 mois à 1 an. — **Recel** de condamné à peines afflictives sauf par ascendants, époux ou frères : C. P. art. 248. prison 3 mois à 2 ans.

Excitation de mineur à la débauche. C. P. Art. 334, prison 6 mois à deux ans, amende 50 à 500 fr. par ascendants, tuteurs ou surveillants : 2 à 5 ans, amende 300 à 1000 fr., Interdiction des droits de 2 à 20 ans.

Extorsion de signature ou écrit entrainant obligation ou décharge. C. P. Art. 400. par force ou violences : Travaux forcés à temps.

—F.—

Faux. Altérations d'actes, signatures, écritures sur registres, suppositions de personnes par fonctionnaires. C. P, Art. 145. Travaux forcés à perpétuité. — **Dénaturer frauduleusement** la substance d'une convention par fonctionnaire. C. P. Art. 146. Travaux forcés à perpétuité. — **En** écriture publique et de commerce par non fonctionnaire. C. P. Art. 147 : travaux forcés à temps. — **En** écriture privée. C. P. 150 : Réclusion-usage. Art. 151. mêmes peines.

Faux serment — En matière civile. C. P. Art. 366. prison 1 à 5 ans, amende 100 à 3000 fr. privation des droits de 5 à 10 ans.

Faux témoignage.—En matière *criminelle*. C. P. Art 361: Réclusion ou peine du condamné — avec argent ou promesses. Art. 364 : Travaux forcés à temps. — En matière *correctionnelle*. C. P. Art. 362 : prison 2 à 5 ans, amende 50 à 2000 fr. — avec argent. Art. 364 : Réclusion. — En matière de *police*. C. P. Art. 362 ; prison 1 à 3 ans, amende 16 à 500 fr. Privation des droits 5 à 10 ans — avec argent. Art. 364 : 2 à 5 ans, amende 50 à 2000. Confiscation. — En matière *civile*. C. P. Art. 363, prison 2 à 5 ans, amende 50 à 2000 fr.

Feuilles de route.— Fabrication de fausse feuille, falsification de véritable, nom supposé et usage. C. P. Art. 156-157 : prison 6 mois à 3 ans si feuille trompe simplement la surveillance de l'autorité — pour l'officier public Art. 158 : 1 à 4 ans. interdiction droits. 5 à 10 ans. —Si le Trésor paye moins de 100 fr. — même article : 1 à 4 ans et interdiction — Officier public (Art. 152) 2 à 5 ans et interdiction — si le Trésor paye plus de 100 fr. 2 à 5 ans, interdiction des droits et de séjour de 5 à 10 ans. Officier public : (Art. 158) : Réclusion.

Filouteries en général et tentatives. C. P. Art. 401. prison 1 à 5 ans amende 16 à 500 fr. interdiction des droits et de séjour 5 à 10 ans. — d'**Aliments**. C. P. Art. 401 §. 2 prison 6 jours à 6 mois. amende. 16 à 200 fr.

Fonctionnaires publics — **Coalition** : mesures contraires aux lois. C.P. Art. 123. Prison 2 à 6 mois, interdiction des droits civiques et d'emploi public pour dix ans. — **Mesures** contre l'exécution des lois ou ordres du gouvernement. Art. 124, bannissement ; entre civils et militaires déportation pour les auteurs. — **Complot** contre la sûreté intérieure de l'État Art. 125 : Mort. — Démission pour empêcher ou suspendre l'administration de la justice ou un service quelconque. Art. 126. Dégradation civique. —Concussion: Perçu, exigé ou reçu ce qui n'est pas dû ou excède ce qui est dû et tentative C.P. Art. 174; Réclusion, aux commis 2 à 5 ans pour perception supérieure 300 francs, audessous de 300 francs les fonctionnaires 2 à 5 ans, les commis 1 à 4 ans. Privation des droits 5 à 10 ans, et de séjour amende du quart à un douzième, des restitutions ou dommages, mêmes peines aux greffiers et officiers ministériels à l'occasion de leurs recettes —Corruption: Acceptation d'offres, promesses ou dons pour faire ou ne pas faire un acte de sa fonction même juste mais gratuit. C P Art. 177: Dégradation civique, amende double des dons, minimun 200 francs — Mêmes peines à arbitre ou expert — également toute personne investie d'un mandat électif pour décorations, emplois, faveurs, marchés — Tout autre coupable sera puni de 1 à 5 ans de prison, amende double des dons interdiction des droits de 5 à 10 ans — **Si** la corruption a pour objet un fait criminel la peine sera celle appliquée au fait Art. 178 — le corrupteur subira les mêmes peines que la personne corrompue Art. 179 — **Si** la corruption n'a pas d'effet les auteurs seront punis de 3 à 6 mois de prison et d'une amende de 100 à 300 francs — les choses livrées seront confisquées. Art. 180 — **Si** le coupable est un juge criminel, un juré Art. 181. Réclusion et amende double des dons mininum 200 francs — **Si** la peine appliquée est supérieure à la réclusion. Art 182 ; elle sera aussi appliquée au juge ou juré.

— **Décision** de juge ou administrateur par faveur ou inimitié art. 183 dégradation civique. — **Emploi** de la force publique contre la levée légale des gens de guerre. art 94 : déportation si l'ordre a été effectué mort il **Exercice Illégal** de l'autorité Entrée en fonctions sans prestation de serment art. 196 : amende 16 à 150 francs — Exercice de fonctions après révocation, destitution ou suspension notifiées ou remplacement art. 197 : Prison 6 mois à 2 ans, amende 100 à 500 francs, interdiction de fonctions de 5 à 10 ans. — **Immixtion** dans les affaires dont le coupable avait la surveillance ou la liquidation directement ou non, art 175 Prison 6 mois à 2 ans, amende du quart au douzième des restitutions ou indemnités, interdiction des fonctions publiques — **Commerce** de grains, farines, vins autres que ceux des propriétés personnelles art. 176 amende 500 à 10000 francs et confiscation. — **Livraison** à ennemi de plans des forts, arsenaux confiés en dépôt, art. 81 : Mort — à puissance neutre ou alliée : détention — livraison à puissance étrangère ou ennemi de secrets de négociation ou d'expédition art. 80 : mort. — **Participation** de fonctionnaire aux crimes ou délits qu'ils étaient chargés de surveiller : art. 198. Si le délit est correctionnel maximum de la peine. S'il s'agit de crime puni du bannissement ou de la dégradation ; le fonctionnaire sera puni de réclusion si le crime emporte la réclusion ou détention ; le fonctionnaire sera puni des travaux forcés à temps — si crime importe travaux à temps ou déportation; le fonctionnaire sera puni des travaux à perpétuité — Au delà de ces cas, les peines seron communes.

Forêts. — Abatage d'arbres réservés par les adjudicataires. Code Forestier art. 34. amendes du tiers en sus de celles déterminées par l'art. 192 selon la circonférence de l'arbre. — Si la dimension ne peut être établie amende 50 à 200 francs, restitution ou valeur égale à l'amende. — **Con**traventions aux conditions du cahier des charges pour l'abatage C. F. art. 37 : amende de 50 à 500 fr., dommages intérêts — **A**batage par les usagers toléré par fonctionnaire. art. 81 : amende 50 fr, au fonctionnaire — Abatage d'arbres au-dessus de deux décimètres de tour : art. 192. 0 50 à 1 fr, par chacun des deux décimètres et 0,05 à 0,10 centimes par décimètre supplémentaire, si l'amende excède 15 francs, prison : 2 mois — Abatage d'arbres plantés depuis moins de 5 ans. art. 194. Prison : 1 mois — Enlèvement des chablis et bois de délit. art. 197 : mêmes peines que pour l'abatage. — Ateliers, chantiers, magasins de bois à 500 m des forêts sans autorisation préfectorale. art. 154 : amende 50 fr. confiscation des bois. — Chemins pratiqués pour la traite des bois autres que ceux désignés. art. 39 : amende 50 à 200 fr outre dommages-intérêts. — Coupe ou enlèvement par adjudicataires avant le lever ou après le coucher du soleil. art. 35 : amende : 100 francs — Coupe non effectuée dans les délais du cahier des charges art. 40 : amende 50 à 500 fr outre les dommages-intérêts — Coupe changée ou modifiée par l'adjudicataire : art. 29 : amende triple de la valeur des bois non adjugés ; si les bois sont meilleurs ou plus âgés que ceux de la vente : amende comme pour bois coupé en délit et somme double de valeur. — les agents complices : amende semblable — Coupe de communaux d'affouage avant délivrance : à l'entrepreneur spécial. art 130 : amende 50 francs. — **Déclaration** des arbres à abattre et des localités non effectuée six mois à l'avance par les propriétaires à la sous-préfecture. art. 125 : Amende. 18 francs par mètre de tour pour chaque arbre — **Défrichement** des bois sans déclaration à la sous-préfecture, quatre mois d'avance. art 221 : amende 500 à 1500 francs par hectare de bois défriché, rétablissement des lieux en trois années. — **Dépôts** de bois dans les ventes autres que ceux qui en proviennent, par les adjudicaires art. 43. amende 100 à 1000 francs.— **Destination** donnée aux arbres autre que celle énoncée dans le procès verbal du maire de la commune constatant les besoins personnels. art : 131 : amende : 18 francs par mètre de tour pour chaque arbre — si les arbres ont été marqués pour le service de la marine : art. 133 : amende

45 fr. par mètre de tour chaque arbre; mêmes peines pour détérioration de ces arbres. — **Écorce** enlevée sans autorisation, art. 36 : amende 50 à 500 fr. dommages égaux à la valeur des arbres, saisie de l'écorce.— **Élagage** sans autorisation, art. 150 : mêmes peines que pour l'abatage art. 192. — **Feu** allumé ailleurs que dans les ateliers des adjudicataires art. 42. amende 10 à 100 francs — à moins de 200 mètres des forêts, art. 148 : amende 20 à 100 francs. — **Four** à chaux, tuilerie dans l'intérieur et à moins d'un kilomètre sans autorisation du gouvernement art : 151 : amende 100 à 500 fr. et démolition.

Fosses ou fourneaux pour charbon, loges ou ateliers ailleurs qu'aux endroits désignés par écrit aux adjudicataires. art. 38 : amende 50 fr. pour chaque fosse ou atelier.—**Hangar** ou baraque sans autorisation du gouvernement à moins d'un kilomètre, art. 152 : amende 50 fr. et démolition. — **Marque** des porcs non déposée au greffe du tribunal et fer au bureau forestier. Art : 55 : amende de 50 fr. aux adjudicataires ; même peine, art. 74 ; à l'usager. — **M**arteaux contrefaits ou falsifiés et usage art. 200 ; prison 3 mois à 2 ans ; récidive, nuit et usage de la scie, art. 201 ; peine double. — **M**utilations, enlèvement d'écorces ou élagage ; art. 196 ; peine de l'abatage, art. 192. — **P**âtre trouvé avec des porcs hors des cantons ou chemins désignés : en récidive, art. 56 ; prison de 5 à 15 jours ; même peine pour le pâtre de l'usager, art. 76. — **P**lants arrachés, art. 195 ; amende de 10 à 300 fr., dans semis ou plantations de main d'homme amende de 10 à 300 fr. ; prison 15 j. à un mois. — **R**efus de secours passagers en cas d'incendie art. 149 ; privation en police correctionnelle du droit d'usage de 1 à 5 ans, amende 6 à 10 francs. — **S**ciage de bois à moins de deux kilomètres sans autorisation du gouvernement, art, 155, amende 100 à 500 fr. et démolition. — Aucun arbre ne sera reçu dans les scieries sans marque du marteau; art. 158: amende 50 à 300 fr.; récidive: suppression de l'usine. — Vente autre que par adjudication publique, art. 18; amende valeur des bois vendus, fonctionnaires qui ont effectué la vente 3 à 6.000 francs. pour adjudications de glandée, panage et paisson; art. 53, l'amende sera: pour l'acquéreur du montant de la vente, pour le fonctionnaire, 100 francs, — sans publications ni affiches ou dans un autre lieu et date. art. 19; les fonctionnaires seront punis d'une amende de 1.000 à 3.000 francs; les adjudicataires également — pour glandée, panage, paisson, art. 53, supra — par les usagers: vente de bois de chauffage; art. 83; amende de 10 à 100 francs, bois à bâtir ou autre que chauffage, amende double de la valeur des bois, minimum, 50 francs. — Par les maires ou administrateurs d'établissements publics sans formalités, art. 100: amende: 300 à 6.000 francs et dommages. — Voitures, bestiaux hors des routes dans les bois au-dessous de dix ans, art. 147 ; amende, 20 francs.

Fossés comblés en tout ou partie par méchanceté. C. P. Art. 456, Prison d'un mois à un an, amende égale au quart des restitutions et dommages, minimum 50fr.

Fournisseurs des armées. — Service manqué sans force majeure. C. P. Art. 430. Réclusion, amende du quart des dommages-intérêts, minimum 500 fr. mêmes peines aux agents. Art 431 — **Les** fonctionnaires complices. Art. 432: Travaux forcés à temps. — **Retard** par négligence ou fraude sur qualité et quantité. C. P. 433. Prison 6 mois à 5 ans, amende du quart des dommages, minimum 100 fr. Le tout sur la dénonciation du gouvernement et en temps de paix comme de guerre.

Fourrages d'autrui coupés par malveillance. C. P. Art. 449. Prison 6 jours à 2 mois. Amende de 16 francs au quart des restitutions ou dommages.

Fumiers ou engrais enlevés sans permission du propriétaire ou fermier. Loi du 28 septembre 6 octobre 1791 art 33 et tournés au profit du délinquant §. 2 : 12 journées de travail prison, 3 mois.

Funérailles. — Loi du 15 Novembre 1887, Art 5. Caractère donné aux funérailles contraire à la volonté du défunt ou à la décision du juge notifiées. Contraventions au règlement d'administration publique réglant les divers modes de sépulture C. P. Art. 199. amende 16 à 100 fr. — Première récidive. Art. 200 : prison 2 à 5 ans ; deuxième récidive : Détention.

G.

Gage détruit, détourné ou tentative par débiteur ou emprunteur : C. P. Art. 401 : Prison 1 à 5 ans, amende 16 à 500 fr. Interdiction des droits et de séjour de 5 à 10 ans.

Grains ou fourrages coupés à

autrui. C. P. Art. 449. Prison de 6 jours à 2 mois, amende 16 francs au quart des restitutions et dommages. — Coupé en vert: Art 450: prison 20 jours à 4 mois, même amende. — Par haine d'un fonctionnaire ou la nuit : maximum de la peine.

Grèves. — Cessation concertée de travail par violences, menaces ou manœuvres frauduleuses pour forcer hausse ou baisse de salaires ou porter atteinte au libre exercice de l'industrie ou du travail. C. P. Art. 414, prison 6 jours à 3 ans, amende 16 à 3000 fr. Tentative : Mêmes peines. — Par suite d'un plan concerté Art. 415 interdiction de séjour de 2 à 5 ans.

Guerre. — Machinations ou intelligences avec étranger pour engager guerre contre la France ou procurer les moyens, même sans suites. C. P. Art 76: Mort.

H

Haras. — L. 14 août 1885. Défaut de certificat constatant l'absence de cornage ou de fluxion périodique chez l'étalon et défaut de marque d'autorisation art. 4. amende 50 à 500 francs au propriétaire et conducteur, double en récidive. — art. 5 : amende 16 à 50 fr. aux propriétaires des juments saillies.

Huîtres. — D. 30 mai 1889 art. 2. Vente, achat, transport et colportage des huitres de moins de 5 centimètres de diamètre pour la consommation punis art. 7 Loi du 9 janvier 1852 : Prison 3 à 20 jours, amende 25 à 125 fr. plus art. 14 : Saisie.

I

Imprimerie Dépôt non effectué de tout imprimé. L. du 29 juillet 1881, art. 3 : amende 16 à 300 fr. — Titres ou valeurs financières imités par procédé quelconque. vente et colportage et distribution. L. 11 juillet 1885 art. 2 : prison 5 jours à 6 mois, amende 16 à 2000 fr., plus art. 3 : confiscation.

Incendie. — **Forêt**, bois taillis, récoltes sur pied à autrui : C. P. art. 434 § 3 · Travaux forcés à perpétuité. — **Lieux habités**, édifices, navires, magasins. art. 434 : Mort.— **Lieux non habités** : même article § 3 : Travaux forcés à perpétuité. — **Objets incendiés** devant communiquer l'incendie : § 7, même article : même peine qu'incendie direct. — **Pailles ou récoltes** en tas ou meules, voitures chargées appartenant à autrui ; même article § 5 : Travaux forcés à temps. — **Propriétaire** de lieux non habités ou de forêts et récoltes qui en mettant le feu causera préjudice à autrui ; même article § 4 : Travaux forcés à temps, le complice, même peine. — **Propriétaire** de récoltes ou de bois en tas, de voitures chargées a causé préjudice à autrui, même article § 6 : Réclusion, même peine au complice. — **Propriétés** de l'État incendiées ou détruites par explosion d'une mine ; art. 95 : Mort. — **Victime** morte dans l'incendie art. 434 § 8 : Mort. —

Voitures et Wagons contenant des personnes ou faisant partie d'un convoi, même article § 2 : Mort.

Incendies par imprudence. — Feux allumés dans les champs à moins de 100 mètres, des constructions, plantations, meules ou portés sans précaution, C. P. Art. 458 : amende 50 à 500 fr. — **Pièces** d'artifice par négligence ou imprudence même article, même peine. — **Vé**tusté ou défaut des fours, cheminées, maisons, usines : même article, même peine.

Infanticide. — C. P. art. 302 : Mort (Loi du 23.-11. 1901). Mère auteur ou complice de l'*assassinat* de son nouveau-né : Mère *seule* : Travaux forcés à perpétuité, mère auteur ou complice de meurtre : Travaux forcés à temps.

Inhumation. — Contravention aux règlements relatifs aux inhumations précipitées. C. P. art. 358 : prison 6 jours à 1 mois, amende 16 à 50 fr. Inhumation sans autorisation de l'officier public : même article, mêmes peines.

Injures. — Envers cours, tribunaux, armée, corps constitués, administrations, ministres, députés, fonctionnaires, ministre d'un culte, mandataire public, juré, témoins par discours, cris, menaces, imprimés, affiches, dessins dans lieux publics : L. du 29 juillet 1881. Art. 33 : prison 6 jours à 3 mois, amende 16 à 500 fr. — Envers *particuliers* : même loi, même article §. 2. sans provocation : prison 5 jours à 2 mois, amende 16 à 300 fr. — Cartes Postales. L. du 11 juin 1887 art. 1° § 2 : prison 5 jours à 2 mois : amende 16 à 300 fr.

Inondation. — Par élévation du déversoir des eaux : C. P. art. 457 : amende de 50 fr. au quart des restitutions et dommages-intérêts. — Si dégradations à autrui : prison 6 jours à 1 mois.

Ivresse. — L. du 23 janvier 1873. — Débitants en 2me récidive pour avoir reçu ou donné à boire à gens ivres et à mineurs de 16 ans des liqueurs alcooliques art. 5: prison 6 jours à 1 mois, amende 16 à 300 fr. : Récidive correctionnelle maximum ou double, plus art. 6 : Interdiction des droits, fermeture d'un mois ou interdiction de consommer sur place. — **Mineur** ivre, l'auteur art. 7 : prison 6 jours à un mois, amende 16 à 300 fr. : débitant en récidive ou qui déjà condamné sert gens ivres ou mineurs : peines doubles, interdiction de droits et de consommer sur place ou fermeture d'un mois. — **Récidive** après deux jugements, art. 2 : prison 6 jours à 1 mois, amende 16 à 300 fr. Récidive de jugement correctionnel : maximum ou double, plus art. 3: Interdiction de droits.

J

Jeux. — **Maison** de jeux de hasard admission du public libre ou sur présentation : C. P. art. 410. aux banquiers, tenanciers, administrateurs, agents : Prison 2 à 6 mois amende 100 à 6000 fr. — Interdiction pendant 5 à 10 ans des droits de l'art. 42 ; confiscation des fonds exposés, meubles, appareils. — **Récidive** des jeux sur voie publique : C. P. art. 478, §. 2. Prison 2 jours à 1 mois, amende 16 à 200 fr.

Journaux. — **Déclaration** non effectuée du titre, du mode de publication, du nom et demeure du gérant (Français, majeur, sans condamnation), indication de l'imprimeur et mutations, sur papier timbré signé des gérants. L. du 29 juillet 1881, art. 9 : au gérant ou imprimeur, amende 50 à 500 fr. si la publication continue irrégulièrement : amende 100 fr. par numéro. — **Dépôt** non effectué de deux exemplaires signés du gérant au parquet, préfecture, sous-préfecture ou mairie ; même loi. art. 10 : amende 50 fr. au gérant. — **Nom** du gérant non imprimé, art. 11 : amende 16 à 100 fr. à l'imprimeur par numéro. — **Rectification** gratuite en tête du journal du rapport inexact des faits d'un dépositaire de l'autorité publique non effectuée ; art 12 : amende 100 à 1000 fr. au gérant. — Réponses de toute personne désignée dans le journal non insérée dans les 3 jours à la place de l'article les provoquant : art. 13 : amende 50 à 500 fr. au gérant. — Vente d'un N° de journal étranger interdit faite sciemment art. 14 : amende 50 à 500 fr.

L.

Lait additionné d'eau ou renfermant d'autres substances. L. du 27 mars 1851, art 1er peine, de l'art. 423 du Code Pénal : prison 3 mois à un an, amende de 50 fr. au quart des restitutions et dommages ; confiscation. Insertion et affiche du jugement.

Logements insalubres. — Loi du 13 avril 1850. Inexécution dans les délais déterminés des travaux d'assainissement art. 9 : amende au propriétaire de 16 à 100 fr. inexécution dans l'année de la condamnation si logement occupé par un tiers : amende égale ou double de la valeur des travaux. — Interdiction de location art. 10 : amende 16 à 100 fr. au propriétaire ou usufruitier contrevenant, récidive dans l'année : amende double de la valeur locative.

Loteries. — Loi du 21 mai 1836 gain acquis par la voie du sort. Prohibition art 1er : peines art. 410 du Code Pénal : prison 2 mois à 6 mois, amende 100 à 6000 fr., interdiction de 5 à 10 ans des droits de l'art. 42, confiscation, pour les immeubles amende de la valeur de l'immeuble, (art. 3). En cas de seconde condamnation, prison et amende double du maximum. — Colporteurs ou distributeur des billets, ceux qui auront annoncé, affiché, publié, facilité l'émission art. 4 de la même loi, peines de l'art. 411 du Code Pénal prison 15 jours à 3 mois, amende 100 à 2000. fr.

M.

Manufactures. — Réglements relatifs aux produits français exportés et garantissant la bonne qualité, les dimensions et la nature de la fabrication, non observées. C.P. art 413. Amende 200 à 3000 fr. et confiscation des marchandises. — Secrets de fabrique communiqués ou tentative par directeur, commis, ouvriers à étrangers ou Français résidant à l'étranger C. P. art 418. Prison 2 à 5 ans, amende 500 à 20000 fr. Privation des droits de l'art. 42 de 5 à 10 ans, interdiction de séjour — Communiqués à Français résidant en France, même article § 3. Prison 3 mois à 2 ans amende 16 à 200 fr. Maximum de la peine dans les deux cas si les secrets appartiennent aux fabriques d'armes et de munitions de guerre de l'Etat.

Marchandises détériorées. — Par liqueur corrosive ou tout autre moyen ainsi que les matières et instruments servant à la fabrication. C. P. art. 443. Prison 1 mois à 2 ans, amende de 16 fr. au quart des dommages — Si l'auteur est ouvrier ou commis, prison de 2 à 5 ans et amende.

Marchandises dangereuses.—L 18 juin 1870. — Embarquement sur navire ou bateau, ou expédition par terre de matières pouvant causer explosion ou incendie, sans déclaration de nature et pose de marques apparentes, art. 1er Amende 16 à 3000 fr. Règlements sur nomenclature des matières, formes des marques, conditions d'embarquement et débarquement. Précautions pour l'amarrage nonobservés. Art 4 amende 16 à 3000. — Récitive dans l'année. Art 5 peines doubles, prison 3 jours à 1 mois.

Marques de Fabrique. — Altérations ou suppositions de noms sur les produits fabriqués. Nom du fabricant, raison commerciale, nom du lieu. L. 28 juillet 1824 art. 1er : peine de l'art. 423 du Code Pénal : Prison 3 mois à 1 an, amende de 50 fr. au quart des restitutions et dommages. Confiscation affichage et insertion du jugement aux frais du condamné. — **Contrefaçon.** Loi du 23 juin 1857. Contrefaçon d'une marque en usage ; apposition frauduleuse d'une marque d'autrui ; vente ou mise en vente de produits revêtus d'une marque contrefaite ou frauduleusement apposée. art. 7 : Prison 3 mois à 3 ans, amende 50 à 3000 fr. — **Imitation** frauduleuse et usage ; marque portant indication propre a tromper et usage ; vente ou mise en vente de produits revêtus de marque imitée ou portant les indications. art. 8 : Prison 1 mois à 1 an, amende 50 à 2000 fr. — **Marque** obligatoire non apposée; vente ou mise en vente de produits ne portant pas la marque obligatoire. art. 9. Prison 15 jours à 6 mois, amende 50 à 1000 fr. — **Pas** de cumul art. 10. — **Récidive** dans les 5 ans peines doubles. —**Privation** du droit devote pour chambres de commerce pendant 10 ans ; affichage ou insertion du jugement aux frais du condamné. art 13. — **Ustensiles**, instruments de fabrication et produits confisqués, destruction des marques. art. 14. — **Vente** des objets par le propriétaire de la marque à un prix supérieur à celui correspondant à la quotité du timbre ou du poinçon de l'Etat apposé sur les étiquettes, bandes estampilles. L. 26 Novembre 1873. art. 4 : amende de 100 à 5000 fr. par chaque contravention

Matières d'or et d'argent. — L. 19 brumaire an VI (9. 11. 1797). Défaut de déclaration à la préfecture et à la mairie ; d'inscription de poinçon (pour les fabricants) ; de registre d'inscription des achats et ventes ; de représentation de ce registre ; de poinçons sur les ouvrages ; d'affichage de la loi ; de remise de bordereaux aux acheteurs, énonçant espèce, titre, poids, neuf ou vieux des ouvrages vendus, nom de la commune date et signature (art. 72 à 80) peines de l'art. 80 ; première amende 200 fr., deuxième 500 fr., affichage ; troisième 1000 fr. et interdiction. — Même peines sauf la deuxième 400 fr. aux marchands en fil d'or et d'argent qui vendront pour fins des ouvrages faux. — **Faux poinçoins**. art. 109 première amende 200 fr., deuxième amende 400 et affichage ; troisième amende 1000 fr. et interdiction de commerce. — Tromperie sur le titre des matières d'or et d'argent, sur la qualité d'une pierre fausse. C. P. art. 423. Prison 3 mois à un an, amende de 50 fr. au quart des restitutions et dommages-intérêts, confiscation, affichage et insertion.

Matières explosibles. — L. 19 juin 1871. Art. 3. Modifié le 18 décembre 1893. Fabrication ou détention sans autorisation et sans motifs légitimes, de machines ou engins meurtriers ou incendiaires ou d'un explosif quelconque, ainsi que des substances composant l'explosif : prison 6 mois à 5 ans, amende 50 à 3000 fr.

Médailles. — Fabrication. Arrêté du 5 Germinal an XII (26 mars 1804). sans autorisation ailleurs qu'à la Monnaie. art. 3. amende 1000 fr., double en récidive.

Médailles et récompenses industrielles. — L. du 30 avril 1886.

— **Attribution** sans droit frauduleuse et publique de médailles, diplômes, mentions, récompenses ou distinctions dans expositions ou concours. art. 2. Prison 3 mois à 2 ans amende de 50 à 6000 fr. — **Applications** dans mêmes conditions à d'autres objets que ceux récompensés ou récompenses *imaginaires* Même loi, même article. — **Indication** mensongère sur enseignes, annonces, prospectus, factures, papiers : Mêmes peines. — **Omission** des dates, nature, exposition, objet récompensé. Art. 4 : amende 25 à 3000 fr. — **Prévaloir (se)** indûment de récompenses auprès des jurys d'exposition. art. 2. prison 3 mois à 2 ans, amende 50 à 6000 fr. Mêmes peines pour se prévaloir publiquement sans droit et frauduleusement de récompenses de corps savants ou sociétés scientifiques (art. 3). — En outre destruction, confiscation, affichage, insertion.

Médecine. — L. du 30 novembre 1892. — **Exercice** de la médecine sans diplôme, sans autorisation préfectorale pour les internes, par officiers de santé et dentistes non reçus avant la loi, par sage-femme qui emploie instruments et médicaments, par diplôme, prêtant son concours aux incapables. Art. 18. — *Médecin* : amende 100 à 500 fr. en récidive dans les cinq ans : prison 6 jours à 6 mois, amende 500 à 1000 fr. avec *usurpation* du titre de docteur ou d'officier de santé art. 19 : amende 1000 à 2000, récidive 6 mois à 1 an, 2 à 3000 fr. — *Dentiste* art. 18 : amende 50 à 100, récidive 100 à 500 ; avec usurpation de titre art. 19 : amende 100 à 500, récidive : 6 jours à un mois, 500 à 1000 fr. — *Sage-femme* art. 18 : amende 50 à 100 fr. récidive : 6 jours à 1 mois, 100 à 500 fr. avec usurpation art. 19 : 100 à 500, récidive : 1 à 2 mois, 500 à 1000 fr. — **Enregistrement** du diplôme non effectué dans le mois de l'établissement à préfecture ou sous-préfecture et au greffe du tribunal civil. art. 22 : amende 25 à

100 fr. — **Indication d'origine** *étrangère* n'accompagnant pas le titre. art. 20 amende 100 à 200 fr. — **Maladies épidémiques non déclarées** art. 21 : amende 50 à 200 fr. — **Pseudonyme** : peines de l'exercice illégal : art. 18 ci-dessus. — **Refus de déférer aux réquisitions de la justice** : art. 23 : amende 25 à 100 fr. — **Suspension temporaire ou incapacité absolue** art. 25 en cas de crimes ou délits.

Menaces d'assassinat ou attentat punis de mort, travaux à perpétuité ou déportation faites par *écrit* anonyme ou signé avec ordre de déposer de l'argent ou autre condition. C. P. art. 305 : prison 2 à 5 ans, amende 150 à 1000 fr. privation des droits de l'art. 42 et interdiction de séjour 5 à 10 ans. — **Sans ordre ni condition**, art. 306, prison 1 à 3 ans. amende 100 à 600 fr. — **Verbales sous condition**, art. 307. prison 6 mois à 2 ans. amende 25 à 300 fr. — **Voies de fait ou violences par menace verbale ou écrite avec ordre**

ou sous condition, art. 308, prison 6 jours à trois mois, amende 16 à 100 fr.

Mendicité. — Dans un lieu où existe un établissement de mendicité, C. P. art. 274 : Prison 3 à 6 mois — sans établissement, art. 275, prison 1 à 3 mois aux mendiants valides, hors du canton : 6 mois à 2 ans. — **Menaces** par mendiants même invalides ou entrés sans permission dans habitation ; plaies simulées, réunion sauf mari et femme, père, mère, enfants, ou aveugle et conducteur ; art. 276 : 6 mois à 2 ans. — **Port** d'armes, de travestissement, limes, crochets, instruments par mendiant ou vagabond, art. 277 : prison 2 à 5 ans. — de valeurs supérieures à 100 fr. sans justification, art. 278, prison 6 mois à 2 ans. — **Violences** ou tentatives sur les personnes par mendiants et vagabonds art. 279 : prison 2 à 5 ans, plus forte peine suivant genre de violences — avec travestissement ou armes : Réclusion ; interdiction de séjour 5 à 10 ans.

Mines. — Contraventions des propriétaires de mines exploitant, non encore concessionnaires, ou autres personnes aux lois et règlements. Loi du 21 Avril 1810 art: 96. amende de 100 à 500 fr. double récidive. Prison 6 jours à 5 ans.

Monnaies. — Contrefaçon ou *altération* des monnaies d'or ou d'argent ayant cours en France; *participation* à l'émission ou exposition; *introduction* sur le territoire français. C. P. art. 132: travaux forcés à perpétuité — Monnaie de *cuivre*: travaux à temps — Monnaies *étrangères*, art. 133: travaux à temps. — Coloration des monnaies légales françaises ou étrangères, ou *émission* et *introduction*: art. 134; Prison 6 mois à 3 ans — Complices d'émission ou d'introduction: mêmes peines. — Circulation nouvelle de pièces fausses après vérification des vices. art. 135; amende de 16 fr. au sextuple de la valeur des pièces rendues à la circulation. — Circulation de billon étranger sans expédition de douane ou de contributions. Loi du 30. 11. 1896. peines de l'art. 135 ci-dessus et saisie.

Monuments. — *Destruction, mutilation, dégradation* des monuments, statues et objets de décoration publique élevés par l'autorité. C. P. art. 257. Prison 1 mois à 2 ans, amende 100 à 500 fr.

Mouvement. — insurrectionnel : Loi du 24 Mai 1834. Barricades, retranchements ou autres travaux d'arrêt. art. 9. Détention, — mêmes peines à *opposition violente à la réunion* de la force publique ; *distribution d'ordres* provoquant le rassemblement des insurgés ; *port de drapeaux* ou insignes de ralliement ; *destruction ou envahissement* de postes télégraphiques interceptant les communications de l'autorité. — **Envahissement** par violences ou menaces d'une maison habitée : art. 7 : Travaux à temps, amende 200 à 5000 fr. — **Envahissement** d'édifices ou d'établissements publics pour résister à la force publique. art. 8 : Détention — même peine aux propriétaires ou locataires qui ont prêté leur maison. — **Pillage** d'arsenaux et magasins ou désarmement des agents de la force publique pour s'emparer d'armes ou de munitions, art. 6. Travaux à temps, amende 200 à 5000 fr. — **Port** d'armes apparentes ou cachées, de munitions, d'uniforme ou insignes. art. 5 : Détention. — Port d'armes avec uniforme ou insignes : Déportation. — **Usage** des armes, même article : Mort.

.N.

Naissance non déclarée dans les trois jours. C. Pénal. art. 346 : Prison 6 jours à 6 mois. amende 16 à 300 fr.

Nom. — Changement, altération ou modification de nom assigné par acte d'état civil en vue de s'attribuer une distinction honorifique. C. P. art. 259 : amende 500 à 10,000 fr ; Mention du jugement sur les actes altérés et insertion aux frais du condamné.

Nouvelles fausses publiées ou reproduites, ou pièces mensongères publiées de mauvaise foi et troublant la paix publique. L. 29 juillet 1881 art. 27. Prison 1 mois à un an amende 50 à 1000 fr.

Offense — au Président de la République par discours, cris, menaces dans lieux ou réunions publics, écrits, imprimés, affiches, dessins, gravures, peintures exposés au regards. Loi du 29 juillet 1881 art. 26 : Prison 3 mois à un an, amende 100 à 3000 fr. — envers les chefs d'Etat étrangers, art. 36, même loi; prison 3 mois à un an, amende 100 à 3.000 fr.

Outrage. — a un *Magistrat* ou *juré* dans l'exercice de leurs fonctions, par paroles, écrits, dessins non publics inculpant honneur ou délicatesse, code pénal art. 222 : prison 15 jours à 2 ans — à l'audience : 2 ans à 5 ans — par gestes ou menaces : art 223 : un à 6 mois ; à l'audience 1 mois à 2 ans — à tout *officier ministériel* ou *agent* de la force publique, à tout citoyen chargé d'un service public, dans l'exercice de leurs fonctions ou a leur occasion par paroles, gestes ou menaces. art. 224 : prison 6 jours à un mois, amende 16 à 200 fr. — à un *commandant* de la force publique, art. 225 : prison 15 jours à 3 mois, amende 16 à 500 fr. — envers *ambassadeurs* et ministres plénipotentiaires et agents accrédités. Loi du 29 juillet 1881. art. 37 : Prison 8 jours à 1 an amende 50 à 2000 fr.

Outrage public à la pudeur : Code Pénal. art 330 : prison 3 mois à 2 ans, amende 16 à 200 fr.

Outrage aux bonnes mœurs, par discours, cris ou menaces dans lieux et réunions publics, écrits, imprimés, affiches exposés aux regards. Loi du 29 juillet 1881 art. 28. Prison un mois à 2 ans, amende 16 à 2000 fr. — par chants, écrits, imprimés autres que le livre, ou livres condamnés, affiches, dessins, gravures, peintures, emblèmes ou images obscènes, vendus, offerts, exposés, affichés ou distribués à domicile, sous bande sur la voie, dans les lieux publics ou à un mineur *(2 Août 1882)*. Loi du 16 Mars 1898 art. 1. Prison un mois à 2 ans, amende 100 à 5000 fr. — Complices. art. 3, mêmes peines au double envers mineurs.

— .P. —

Parricide.—Code Pénal. art.302 : Mort.

Passeport. — **F**abrication de faux passeport ou permis, falsification ou usage, Code Pénal. art. 153. prison 6 mois à 3 ans. — **N**om supposé ou témoignage d'un nom supposé et usage. art. 154 : 3 mois à 1 an — Nom supposé inscrit sciemment sur registres de logeurs ou omission volontaire. art. 154 : prison 6 jours à 3 mois. — Officier public qui délivre un passeport à un inconnu sans témoins. art : 155, prison un à 6 mois. — s'il délivre sciemment sous nom supposé : 1 à 4 ans privation des droits de l'art. 42 de 5 à 10 ans :

Pêche fluviale. Loi du 15 avril 1829. Adjudication non publique faite par fonctionnaires ou agents. Art. 12. Amende double du fermage annuel — Sans publications et affiches ou dans d'autres lieux, jour et heure indiqués. Art. 13. Aux fonctionnaires amende égale à la location annuelle mêmes peines aux adjudicataires complices — Fonctionnaires, agents ou parents et alliés en ligne directe qui prennent part aux adjudications, Art. 15 : amende du douzième au quart du montant des adjudications. — **Appâts** avec poissons d'espèces prohibées. Art. 31. amende de 20 à 50 fr. — **Barrage** ou établissement quelconque empêchant entièrement le passage du poisson. Art. 24 : amende 50 à 500 fr. Destruction des appareils. — **Dimensions** des poissons non observées dans la pêche, colportage ou débit. Art. 30 : amende 20 à 50 fr. et confiscation. — **Drogues**, appâts ou dynamite pour destruction du poisson. L. du 18 novembre 1898. Art. 1er prison : un à 3 mois, amende 30 à 100 fr. pour *dynamite* ou produits similaires ; prison 3 mois à un an, amende 200 à 500 fr. — **Engins** ou mode prohibés en quelque temps ou cours d'eau que ce soit. L. du 15 avril 1829. Art 28 : amende 30 à 100fr. ; en temps de frai : 60 à 200 fr.; mêmes peines à engin permis pour petite espèce et utilisé pour une autre — port hors du domicile d'engins prohibés. Art. 29, amende 20 fr. maximum et confiscation — engins même permis à bord des bateaux des contre-maitres, employés et mariniers fréquentant les cours d'eaux navigables ou flottables. Art. 33 : amende 50 fr. et confiscation — engin prohibé refusé par le délinquant au garde-pêche. Art. 41 : amende 50 fr. — **Nuit**. Art. 70. peines doubles. — **Permission** de l'ayant droit faisant défaut au pêcheur autre qu'à la ligne flottante. Art. 5 : amende 20 à 100 fr.. Confiscation. — **Récidive**. Art. : 69. Peinés doubles. — **Refus** de visite des bateaux par tous pêcheurs aux gardes. Art. 33. 34: amende 50fr. — **Réserves** pour reproduction dans laquelle la pêche est interdite l'année entière, celui qui a péché dans ces réserves ou aurait établi une *échelle* à poissons sans décret du Conseil d'Etat. L. du 31 mai 1865. Art. 7, amende 30 à 200 fr. et saisie — de nuit, en récidive, avec empoisonnement du poisson et transport par bateaux, voitures, bêtes de somme : amende double et prison de 10 jours à un mois. — **Temps** prohibé le pêcheur sera puni art. 27. loi du 15 avril 1829 : amende 30 à 200 fr. — **Vente**, achat transport. colportage, exportation ou importation sauf d'étangs, en temps prohibé, loi du 31 mai 1865 art. 7 : amende 30 à 200 fr. et saisie — de nuit, en récidive avec empoisonnement du poisson, et transport par bateaux, voitures, bêtes de somme : amende double et prison de 10 jours à un mois.

Pêche côtière. — **Décret du 9 janvier 1852.** — **Appats prohibés** art. 6 Prison 6 jours à un mois, amende 50 à 250 fr. — **Contraventions** aux décrets réglant l'établissement, l'exploitation, les engins, et bateaux art. 6: prison 6 jours à un mois amende 50 à 250 fr. et destruction de l'établissement. — **Contraventions** aux réglements prévenant destruction du frai et assurant conservation du poisson ou coquillage; art. 7: prison 3 à 20 jours, amende 25 à 125 fr. — **Contraventions** aux prescriptions de police de la pêche en flotte; art. 8 : Prison 2 à 10 jours, amende 5 à 100 fr. — **Contraventions** aux autres mesures et règlements; art. 9: Prison 1 à 5 jours amende 2 à 50 fr. — **Dimensions** prohibés en pêche, transport ou vente. art. 7 : prison 3 à 20 jours, amende 25 à 125 fr. — **Si transport** par bateau, voitures ou bêtes : peines doubles. — **Engins prohibés**, fabrication, détention, mise en vente ou usage ; art. 7: Prison 3 à 20 jours, amende 25 à 125 fr. saisie. — **Etablissement** de pêcherie, huitres, moules ou dépôt de coquillages sans autorisation, art. 5 : prison 6 jours à 1 mois, amende 50 à 250 fr. destruction des établissements. — **Oppositions** aux visites, art. 8 : Prison 2 à 10 jours, amende 5 à 100 fr. — **Procédé** ou mode de pêche prohibé, art. 7 : prison 3 à 20 jours, amende 25 à 125 fr. — **Récidive**, art. 11 : Maximum et double du maximum. — **Temps** et heures prohibés en dedans des limites, art. 8 : Prison 2 à 10 jours, amende 5 à 100 fr. — **N. B.** Les Commissaires de Police constatent vente, transport, colportage de frai et dimensions.

Pétitions ou mémoires présentés au gouvernement, ministres, autorités constituées, administrations ou établissements publics sur papier non timbré. Loi du 2 juillet 1862 : amende : 50 fr.

Pharmacie. — Loi du 21 Germinal an XI (11 Avril 1803) art. 36 Annonce et affiche imprimée indiquant des remèdes secrets. Pénalités L. du 29 pluviose an XIII. amende 25 à 600 fr., récidive 3 à 10 jours de prison. — **Commerce** autres que celui des remèdes (art. 32) Pénalités. Arrêt parlement du 23 juillet 1748. amende 500 fr. — **Vente** de remèdes sans *ordonnances* signées; de *remèdes secrets*; de *préparations* contraires aux formules du Codex Médicarius (art. 32) Penalités de l'arrêt du 23 juillet 1748,, amende 500 fr. — **Vente** par *épiciers* et *droguistes* de préparation pharmaceutique ou de drogues simples au poids médicinal. Loi du 21 Germinal, an XI, art. 33. amende 500 fr.— **Vente** par *toutes autres personnes.* Ordon. 25 Avril 1777. art. 6. amende 500 fr. — par hôpitaux ou communautés sans pharmarciens, même ordonnance, art. 8, amende 500 fr. — **Vente** au *poids médicinal* ou distribution sur *théâtres* ou *étalage*, places publiques, foires et marchés (art. 36). Loi du 29 pluviôse an XIII. amende 25 à 600 fr.

récidive 3 à 10 jours de prison.

Phylloxéra Doryphora. — **Loi du 15 juillet 1878.** — **Circulation des sarments et plants de vignes sans arrêté préfectoral l'autorisant. (Loi du 3 août 1891) art. 12** amende 50 à 500 fr. — **Avec** *manœuvres frauduleuses* art. 13, prison un à quinze mois, amende 50 à 500 fr., double en récidive. — **Contraventions aux arrêtés ministériels réglementant la circulation des pommes de terre atteintes du doryphora decem-lineata ou colorado, art. 12 :** amende 50 à 500 fr. — **Déclaration de la présence du doryphora non effectuée par le propriétaire, fermier ou colon. Art. 12.** Amende 50 à 500 fr. — **Détention et transport de l'insecte, œufs ou larves ;** même amende — avec *manœuvres frauduleuses*, art. 13, prison un à quinze mois, amende 50 à 500 fr., double en récidive. — **Importation de pommes de terre, feuilles, débris, emballages provenant de pays où existe le Doryphora, art. 12 :** amende 50 à

500 fr. — avec *manœuvres frauduleuses*, art. 13 : prison un à quinze mois, amende 50 à 500 fr., double en récidive.

Pigeons voyageurs. — Loi du 22 juillet 1896. — **Capture** ou *destruction* de pigeons voyageurs à autrui ou tentative en n'importe quel lieu, temps ou moyen, art. 6 (Loi du 4 mars 1898). Amende 16 à 100 fr., récidive : amende double prison 6 jours à 3 mois. — **Circulation** de pigeons voyageurs à l'intérieur interdite par décret art. 4 § 2. Prison 3 mois à 2 ans. — **Emploi** de pigeons à des relations nuisibles à la sûreté de l'Etat, même article, même peine. — **Importation** de pigeons étrangers en France interdite par décret, même article, même peine. — **Ouverture** de colombier de pigeons voyageurs sans autorisation préfectorale art. 4 : amende 100 à 500 fr. — **R***éception* de pigeons voyageurs permanente ou transitoire sans déclaration et indication de provenance à la mairie dans les deux jours. Même article, même peine.

Pillage, dégât de denrées ou marchandises, effets, propriétés mobilières, en bande et force ouverte. Code Pénal art. 440 : travaux forcés à temps, amende 200 à 5000 fr.. ceux qui auront été entraînés, art. 441 : Réclusion.— Si les denrées pillées ou détruites sont des grains, grenailles, farines, pain, vin, boissons. Art. 442 : maximum des travaux et de l'amende aux chefs ou instigateurs seulement,

Plans de fortifications, arsenaux, ports ou rades livrés à l'ennemi ou à ses agents par fonctionnaire ou préposé, chargé du dépôt de ces plans. Code Pénal, art. 81 : Mort — Livraison à puissance neutre ou alliée : Détention — Par toute autre personne qui aura soustrait les plans par corruption fraude ou violence : art. 82 : mêmes peines. — Si la personne les possédait sans violences, et les livre à l'ennemi : Déportation : à une puissance neutre ou alliée : prison 2 à 5 ans.

Police sanitaire maritime. Loi du 3 mars 1822. — **Abandon** de poste ou violation de consigne d'un cordon sanitaire, art 11. Mort. — **Altération** ou dissimulation des faits par agents, fonctionnaires, capitaines, médecins s'il en résulte une invasion pestilentielle, art. 10 : Mort — *sans invasion* : Travaux forcés à temps, amende 1000 à 20.000 fr., par les mêmes : *négligence ou infractions* aux règlements ayant exposé la santé publique : Dégradation civique amende 500 à 10.000 fr. — **Communication** prohibée avec pays, lieux, personnes ou choses soumis à la patente brute, art. 7 : Mort — *sans invasion* pestilentielle, art. 8 : Réclusion et amende 200 à 20.000 — sans invasion mais avec *rébellion*, armes, effraction, escalade, art. 9 Mort. — **Communication** prohibée avec lieux, personnes, choses soumis à patente suspecte, art. 7 : Réclusion amende 200 à 20.000 fr.

— avec *rébellion*, armes, effraction, escalade, art. 9 : Travaux forcés à temps et amende. — Communication prohibée avec lieux, personnes, choses non en libre pratique, art. 7 : Prison un à dix ans, amende 100 à 10.000 fr. — avec *rébellion*, armes, effraction, escalade, art. 9 : Réclusion et amende. — Communication interdite entre personnes ou choses, en quarantaine : mêmes peines ainsi que pour les *Recéleurs*. — Contraventions aux réglements sanitaires généraux ou locaux et aux ordres des autorités, art. 14 : Prison 3 à 15 jours, amende 5 à 50. — **Refus d'agir** par commandant de force publique requis, art. 12 : Prison 1 à 5 ans. — **Refus** ou *négligence* par attaché au service sanitaire, art. 12 : Prison un à 5 ans, amende 50 à 500 fr. — **Refus** d'obéir à réquisitions ou *négligence* d'informer de l'existence d'une maladie pestilentielle par simple particulier, art 13 : Prison 15 jours à 3 mois, amende 50 à 500 fr. — si médecin en plus : Interdiction de 1 à 5 ans. —

Remise de lettres ou paquets sanitaires non effectuée et pouvant exposer la santé publique, art. 12 : Prison 1 à 5 ans, amende 50 à 500.

Postes : **Déclaration** frauduleuse de valeur supérieure à l'envoi. Loi du 4 juin 1859, art, 5. Prison 1 mois à 1 an, amende 16 à 500 fr. — **Ecritures** sur les imprimés. Loi du 9 juillet 1856 art. 9. Pénalités de l'arrêté 27 prairial an IX (16 juin 1801) amende 150 à 300, affichage du jugement. (Loi du 22 juin 1854 art. 21) ; récidive dans les 3 ans, même loi. art. 22) amende 300 à 3000 fr. — Insertion de lettres dans boites à bijoux (Loi du 25 Janvier 1873, art. 9) : Peines ci-dessus — d'or, bijoux, valeurs, billets de banques sans chargement. Loi du 4 juin 1859 art. 9, amende 50 à 500 fr. — **Suppression**, ouverture de lettres par fonctionnaire ou agent ou facilitées par lui. Code Pénal. art. 187. Prison 3 mois à 5 ans, amende 16 à 500 fr. Interdiction de fonctions de 5 à 10 ans. — **Timbre**.-poste ayant servi, usage, vente ou tentative. Loi du 16 8bre 1849 : amende 50 à 1000 ; récidive double et prison 5 jours à 1 mois. — Transport de lettres, journaux, paquets au dessous d'un kilo par entrepreneur de voitures libres ou autre personne étrangère aux postes A. 27 prairial an IX (16 juin 1801), art. 5 : amende 150 à 300 fr. ; affichage du jugement (Loi du 22 juin 1854, art. 21) ; récidive dans les 3 ans (même loi, art. 22) amende 300 à 3000 fr.

Poudres. — Débit ou distribution sans autorisation de poudres autres que celles de l'Etat. Loi du 24 Mai 1834 art. 2 (modif. L. 13-4-89 art. 23) : Prison 1 mois, à 2 ans et amende (loi du 28. 4. 1816 art. 222) 300 à 1000 fr. — **Détention** d'une quantité quelconque de poudre de guerre. Loi du 24 Mai 1834 art. 2. Prison 1 mois à 2 ans, amende (D. 23 pluviôse an XIII) 3000 fr. — **Détention** de plus de 2 kilos d'autre poudre. Loi du 24 mai 1834. art. 2, Prison 1 mois à 2 ans. — **Déten-**

tion sans autorisation d'une quantité de poudres autres que celles de l'Etat égale ou inférieure à 2 kilogrammes. Loi du 13. Avril 1898. art. 23. amende 300 à 1000 fr. — **Fabrication** sans autorisation légale d'une quantité quelconque de poudre. Loi du 24 Mai 1834 art. 2 (modif. L. 13. 4. 98. art. 23) prison 1 mois à 2 ans amende (L. 28. 4. 1816, art. 222) 300 à 1000 fr. — **Fabrication**, débit, distribution, détention sans autorisation de cartouches et munitions de guerre. Loi du 24 Mai 1834, art. 3, prison 1 mois à 2 ans, amende 16 à 1000 fr. Confiscation. Interdiction de 2 ans. Double en récidive

Prêt sur gages. — Etablissement ou tenue de maison de prêt sur gage ou nantissement sans autorisation ou défaut de tenue du registre réglementaire. C. P. art. 411. Prison 15 jours à 3 mois, amende 100 à 2000.

Propriété artistique des œuvres non tombées dans le domaine public. Loi du 9 février 1895 : Prison un à cinq ans, amende 16 à 3000, à **Apposition** frauduleuse d'un nom usurpé sur œuvre de peinture, sculpture, dessin, musique. Imitation de signature ou signe d'auteur pour tromper l'acheteur. — **Marchands** ou commissionnaires recéleurs ou vendeurs conscients. Confiscation.

Protection des enfants maltraités ou moralement abandonnés. Loi du 24 juillet 1889. Infractions au règlement d'administration publique déterminant le mode de surveillance des enfants confiés à des particuliers ou associations de bienfaisance. Art. 22, amende 25 à 1000. Récidive prison 8 jours à un mois.

Provocation à des crimes ou délits. Loi du 29 juillet 1881. — **Provocation** directe aux crimes et délits suivie d'effet ou de tentative par discours, cris, menaces dans lieux ou réunions publiques, écrits imprimés, affiches rendus publics. Art. 23. Peines des complices de crimes ou délits. — **Provocation** directe au vol, meurtre, pillage, incendie, destructions par explosifs, contre la sûreté extérieure ou intérieure de l'Etat, non suivie d'effet et apologie de ces crimes art. 24 (modif. Loi du 12 décembre 1893) : Prison 1 à 5 ans, amende 100 à 3000 fr. — Provocation à des militaires pour les détourner des devoirs et obéissance. Art. 25 (modif. Loi du 12 décembre 1893). Prison 1 à 5 ans, amende 100 à 3000.

— R —

Rébellion. — Attaque, résistance avec violences et voies de faits envers officiers ministériels, gardes champêtres et forestiers, force publique, préposés, porteurs de contraintes, officiers et agents de police en exercice, commise par plus de *20 personnes armées.* C. P. art. 210. Travaux forcés à temps, *sans armes* : Réclusion — commise par réunion *armée de 3 à 20 personnes.* art. 211. Réclusion, *sans armes* : Prison 6 mois à 2 ans, commise par *une ou deux personnes armées* art. 212 : Prison

6 mois à 2 ans, *sans armes* 6 jours à 6 mois. Amende art. 218 : en outre de prison 16 à 200 fr. Interdiction de séjour pour les chefs art. 221 : 5 à 10 ans.

Recel. d'**Auteur** de crimes emportant peine afflictive. C. P. art. 248. Prison : 3 mois à 2 ans ; exceptés ascendants ou descendants, époux, épouse, frères, sœurs, alliés au même degré. — de **Cadavre** d'un homicide ou mort des suites de blessures. C. P. art. 359 : Prison 6 mois à 2 ans, amende 50 à 400 fr. — d'**Espions** ou soldats ennemis en éclaireurs connus pour tels. C. P. art. 83 : Mort. — **Objets obtenus à l'aide d'un crime ou d'un délit.** C. P. art. 62 : Peines des complices de ce crime ou délit, sauf peine de mort, art. 63, remplacée par travaux forcés à perpétuité. — d'**Objets volés et application à son profit**, C. P. art : 380 § 2 : Peines du vol.

Recrutement. — Loi du 15 juillet 1889. — **Déclaration non effec-**

tuée dans les deux mois à la mairie de cessation de service des brevetés ou inscrits maritimes art. 76. Prison 15 jours à 3 mois amende 10 à 200 fr. double en temps de guerre. — **Dons** ou promesses reçus par médecins du conseil de revision, art. 71. Prison 2 mois à 2 ans; donateurs: mêmes peines. — **Exemption** ou dispense par fraude ou manœuvres, art. 69: 1 mois à 1 an; complices: même peine, rétablissement sur les listes. — **Impropre** au service par fraudes ou manœuvres art. 70: Prison 1 mois à 1 an; envoi aux compagnies de discipline; complices: mêmes peines; si les complices sont *médecins ou pharmaciens*: Prison 2 mois à 2 ans, amende 200 à 1000 fr. — **Fonctionnaires** civils ou militaires qui a admis dispenses autres que celles de la loi ou donné extension arbitraire à la loi, art. 72 (peines du 185. C. P.) amende 200 à 500 fr. interdiction de fonctions de 5 à 20 ans. — **Non** comparution d'appelés devant le conseil de revision par suite de concert frauduleux art. 69 : Prison 1 mois à 1 an — Omission frauduleuse sur les tableaux de recensement, même art. 69 : 1 mois à un an. — Tentatives de ces délits : mêmes peines que le délit.

Refus de service. — Par *commandant* de la force publique, légalement requis C. P. art. 234 : Prison un à trois mois — par les témoins et jurés qui allèguent une excuse fausse. C. P. art. 236. Prison 6 jours à 2 mois et amende de la non-comparution.

Réquisitions militaires. — Loi du 3 juillet 1877. *Refus* des prestations exigées art. 21. Amende au maire ou faisant fonctions: 25 à 500 fr. — Par habitant amende double de la prestation — *abandon* de service requis : 16 à 50 fr. — Recensement des chevaux et inspections non observés art. 52 : amende 25 à 1000 fr. — *fausses déclarations* 50 à 2000 fr.

Roulage Loi du 30 Mai 1851. —

Contraventions aux règlements déterminant formes des moyeux, essieux, bandes de roues,clous de bandes ; nombre de chevaux ; circulation en temps de dégel ; ponts suspendus ; largeur du chargement ; saillie des colliers ; modes d'enrayage art. 4 : amende 5 à 30 fr. — Contraventions aux règlements déterminant la solidité, chargement, conduite, enrayage, direction, nombre de voyageurs des voitures de messageries. Art. 6. Prison 6 à 10 jours, amende 16 à 200 fr. — **Déclaration** fausse de nom ou de domicile art.8:Prison 6 jours à 6 mois, amende 50 à 200 fr. – **Dommage à la route** ou dépendances par faute ou négligence du conducteur art. 9 : amende 3 à 50 fr. et réparation. — Estampille ou *laisser passer* absents : Loi du 25 Mars 1871 : amende 100 à 1000 fr.Confiscation. — **Plaque** fausse de nom ou domicile. Loi du 30 Mai 1851 art. 8 : Prison 6 jours à 6 mois, amende 50 à 200 fr. — **Refus** d'arrêt sur sommation d'agents même loi art. 10 : amende, 16 à 100 fr.

— S. —

Saisi qui aura détruit détourné ou tenté de détruire ou de détourner les objets saisis confiés à *sa garde.* Code Pénal art. 406. Prison 2 mois à 2 ans, amende de 25 francs, au quart des restitutions et dommages, interdiction des droits de 5 à 10 ans — si la garde avait été conférée à un tiers. C. P. art. 401 : Prison un à cinq ans, amende 16 à 500 fr. Interdiction de droits et de séjour de 5 à 10 ans — Recéleurs : mêmes peines.

Scellés apposés par ordre du gouvernement ou ordonnance de justice brisés — les *gardiens négligents* Code Pénal. art. 249 : 6 jours à 6 mois — 6 mois à 2 ans : Si le bris des scellés s'applique aux effets d'un individu pouvant être puni de mort. (art. 250). — Bris à dessein ou tentative et participation dans le cas précédent art. 251 : Prison 1 à 3 ans — 2 à 5 ans *au gardien* qui a brisé lui-même Amende 50 à 2000 fr. Privation des droits et de séjour de 5 à 10 ans. — **Bris** quelconques, art. 252 : Prison 6 mois à 2 ans — 2 à 5 ans au *gardien* auteur. — avec **Violences** envers les personnes, art. 256 : Travaux forcés à temps.

Secret de négociation ou expédition livré à l'ennemi ou puissance étrangère par *fonctionnaire*, agent. chargé d'affaires. art. 80 — 76 Code. Pénal. Mort. — **Médecins**-chirurgiens, pharmaciens, sages-femmes et tous autres dépositaires par état ou profession qui, sans obligation légale, auront révélé les secrets confiés. Code. Pénal. art. 378 : prison 1 à 6 mois, amende 100 à 500 fr. — Secrets de fabrique, voir Manufactures.

Séquestration. Voir : Arrestations.

Souscriptions ouvertes ou annoncées publiquement pour indemniser condamnés en matière criminelle et correctionnelle. Loi du 29 juillet 1881.

art. 40. Prison 8 jours à 6 mois, amende 100 à 1000 fr.

Substance explosible détruisant objets mobiliers ou immobiliers de quelque nature qu'ils soient, tentative, dépôt, menace. Peines et distinctions de l'art. 434 du Code Pénal. Voir Incendie.

Substances Vénéneuses. — Loi du 19 juillet 1845. Art. 1er Contraventions aux ordonnances réglementant vente, achat, emploi des substances vénéneuses. Prison 6 jours à 2 mois, amende 100 à 3000 fr. Saisie (ordonnance du 29 octobre 1846 exige : Déclaration à la mairie, vente aux seuls commerçants déclarés ou aux pharmaciens, registre, prescription d'un homme de l'art, inscription de cette prescription, étiquette, tenue sous clef.)

Syndicats Professionnels. Loi du 21 mars 1884. — Acquisition d'immeubles autres que ceux des réunions et études. — Dépôt des statuts et des noms des directeurs administrateurs ou syndicats unis. — **Directeurs ou administrateurs étrangers ou ne jouissant pas de leurs droits civils. — Etudes et défenses autres que celles des intérêts industriels, commerciaux et agricoles. — Fausse déclaration des statuts et noms. — Professions différentes ou métiers non similaires ou connexes.** — **Art. 9.** amende 16 à 200 fr., en cas de fausse déclaration : 500 fr., dissolution, nullité des achats d'immeubles.

—. T .—

Tabac. Loi du 28 Avril 1816. — **Circulation de tabac en feuille sans acquit, à caution ou laisser-passer.** Art. 216. amende 100 à 1000 fr. et saisie du tabac, des moyens de transport. **Même peine au fournisseur de tabac.** — **Déclaration de culture non effectuée et défaut de** *permission.* Art. 181 (loi du 23 Avril 1836) amende 50 fr. par cent pieds en terrain découvert, 150 fr. en terrain clos, maximum 3000 et destruction. — **Détention de tabac en feuille**

sans être cultivateur autorisé ; de tabacs fabriqués autres que ceux des manufactures ou excédent 10 kilos ; — de tabac de cantine sans autorisation. art. 218. amende 10 fr. par kilo, minimum 100 fr. maximum 3000 fr. et saisie. — **Fabrique** frauduleuse, art. 221. amende 1000 à 3000 fr. saisie des machines, double en récidive. — **Falsification** des tabacs par préposés. Loi du 25 Mars 1817 art. 135, amende 300 à 3000 fr. Prison 3 mois à 1 an. **Vente** en fraude ou *colportage* même sans vente. L. du 28 Avril 1816. art. 222. Arrestation, amende de 300 à 1000 fr., confiscation du tabac et moyens de transport.

Télégraphe. Décret du 27 décembre 1851 — 10 janvier 1852. — **Dégradation** des appareils de quelque manière que ce soit. Art. 2. amende 16 à 300 fr. — **Destruction** des fils en temps d'insurrection; envahissement des postes; interruption de communications, opposition du rétablissement. Art. 4: Détention.

amende 1000 à 5000 fr. — Interruption de la correspondance par tout moyen art. 3. prison 3 mois à 2 ans, amende 100 à 1000 fr. — Interruption du service sur chemin de fer ou canal par inéxécution des charges ou des règlements. art. 8. amende 300 à 3000 fr. — Transmission de signaux d'un lieu à un autre sans autorisation. Art. 1er. Prison 1 mois à 1 an, amende 1000 à 10.000 fr. et destruction des appareils.

Théâtres. — Représentation d'ouvrages dramatiques au mépris de la propriété des auteurs. Code Pénal. Art. 428, amende 50 à 500 fr., confiscation des recettes remises au propriétaire (art. 429.)

Timbre. — **Papier** timbré, altération, emploi, vente ou tentative de papier ayant déjà servi, avec intention frauduleuse. Loi du 2 juillet 1862. art. 21. amende 50 à 1000 fr.; Récidive : prison 5 jours à 1 mois, amende double. — **Timbres** *mobiles*

Emploi, vente ou tentative de timbres ayant servi. Loi du 11 juin 1859 art. 21, amende 50 à 1000 fr.; Récidive prison 5 jours à 1 mois, amende double. — Timbres *quittance* non apposés. Loi du 23 Août 1871 art: 23. amende 50 fr. par contravention. — Contraventions au décret du 27 Novembre 1871 réglant l'emploi des timbres quittances. même loi. art. 24. amende 20 fr. — Refus de communiquer les livres aux agents de l'enregistrement; même loi, art. 22. amende 100 à 1000 fr. — Timbres des *récépissés* des chemins de fer. Bordereau détaillé des expéditions groupées faites par les entrepreneurs, non fourni à la gare expéditrice. Loi du 30 Mars 1872. art. 2: amende 50 fr.; récidive dans l'année 100 fr.

Tombeaux ou sépultures violés. — Code Pénal. art. 360. Prison 3 mois à 1 an, amende 16 à 200 fr.

Travail. — Affichage de la loi

et des règlements sur les accidents non effectué dans l'atelier en *récidive*. Loi du 9 Avril 1898 art. 31. amende 16 à 200 fr. — **Contraventions** à la loi du 2 Novembre 1892 sur le travail des enfants, filles mineures et femmes dans l'industrie, art: 27 de cette loi, en *récidive*: amende 16 à 100 fr. affichage du jugement. — **Déclaration** d'accident non effectuée dans les 48 heures à la mairie, en *récidive*. Loi du 9 Avril 1898 art. 14 amende 16 à 300 fr. — **Mesures** de sécurité et de salubrité prescrites par décret du 10 mars 1894 non observées en *récidive*. Loi du 12 juin 1893. art: 9: amende 50 à 500 fr. — **Obstacle** à l'accomplissement des devoirs de l'inspecteur. Lois des 2 Novembre 1892 art. 29. et 12 juin 1893 art. 12. amende 100 à 500 fr. en récidive: 500 à 1000 fr.

Tromperies. sur *titre* des matières d'or et d'argent, sur *qualité* d'une pierre fausse vendue pour fine, sur *nature* de *toutes* marchandises, sur *quantité* par faux poids ou fausses mesures, Code Pénal, art. 423. Prison 3 mois à 1 an. amende de 50 fr au quart des restitutions et dommages-intérêts. Confiscation, Affichage du jugement.

Tromperies dans la vente des marchandises. Loi du 27 Mars 1851. — **Détentions** de *poids* ou mesures *faux*, de denrées *falsifiées ou corrompues.* art. 3. prison 6 à 10 jours, amende 16 à 25 francs. Si le mélange est *nuisible*, prison 15 jours, amende 50 fr. — **Manœuvres** frauduleuses pour tromper sur la *quantité* des choses livrées. art. 1er Prison 3 mois à 1 an, amende 50 fr. au quart des restitutions. — **Mélanges** nuisibles à la santé. art. 2. Prison 3 mois à 2 ans, amendes 50 à 500 fr. — **Falsification** des denrées alimentaires ou **médicamenteuses**. art. 1er. Prison **3** mois à 1 an, amende 50 fr. au quart des restitutions et dommages. — **Vente** ou mise en vente de ces denrées *falsifiées* ou *corrompues*, même article, mêmes peines. *Récidive* dans les cinq ans : peine double du maximum, amend. jusqu'à 1000 fr. *Confiscation. Affichage.*

U

Usure. — Loi du 19 décembre 1850 art. 2. habitude. Prison 6 jours à 6 mois, amende maxima égale à la moitié des capitaux prêtés. Récidive dans les cinq ans. double des peines. Affichage du jugement.

Usurpation de *Fonctions* publiques, civiles ou militaires, ou accomplissement d'un acte de ces fonctions. Code Pénal art. 258. Prison 2 à 5 ans. — de *Titre* publiquement pour s'attribuer une distinction honorifique. art. 259. amende 500 à 10.000 fr. insertion du jugement.

V

Vagabondage. — Code Pénal, art. 271. au-dessus de 16 ans. Prison, 3 à 6 mois. Interdiction 5 à 10 ans. — Etrangers expulsés (art. 272). — avec Travestissement, armes, instruments propres aux vols, art. 277. Prison 2 à 5 ans. — avec Valeurs au-dessus de 100 fr. sans justification, art. 278. Prison 6 mois à 2 ans. — Violence ou tentative, art. 279. Prison 2 à 5 ans, — avec armes : réclusion, interdiction de séjour de 5 à 10 ans.

Vagabondage spécial : Jeux illicites et prostitution d'autrui sur la voie publique loi du 27 mai 1885 art. 4. mêmes peines :

Valeur de Bourse à crédit. Loi du 12 mars 1900. Détournement ou mis en gage par le vendeur du titre vendu art. 5 : peines de l'art 406 du C.P. Prison 2 mois à 2 ans, amende de 25 f. au quart des restitutions et dommages, interdiction des droits de 5 à 10 ans. — Usage des mots « Caisse d'Epargne » dans la dénomination de l'établissement. Art 6. amende 25 à 3000 fr.

Vente aux enchères de marchandises neuves en détail, au rabais ou à prix fixe après décès, faillite, cessation de commerce, cas de nécessité sans autorisation du tribunal de commerce. Loi du 25 Juin 1841 art.7. Amende 50 à 3000 f. Confiscation.— Vente de marchandises neuves ne faisant pas partie du fonds ou mobilier vendu sur autorisation. Art.8. mêmes peines.

Vins. — Produit autre que celui de la fermentation des raisins frais expédié vendu ou mis en vente. Loi du 14 Août 1839 art. 6. Prison 10 jours à 3 mois, amende 25 à 500. Affichage du jugement. — **Vins** plâtrés à plus de 2 gr. par litre vendu, mise en vente ou l vrés. Loi du 11 juillet 1891 art. 3. Prison 6 jours à 3 mois, amende 16 à 500 fr.

Vins artificiels. — **Déclaration** d'enlévement de boissons simulé ou sous nom supposé. Loi du 6 Avril 1897 art.4. (28.2.72) amende 500 à 5000. Confiscation. — **Fabrication**, détention, circulation de vins de marc et de sucre en vue de la vente : mêmes peines.— **Raisins** secs à boisson circulant sans acquit: mêmes peines.

Viol. Code-Pénal. Art. 332. Travaux forcés à temps, sur un enfant au-dessous de 15 ans, maximum.

Violences envers les fonctionnaires publics dans l'exercice ou à l'occasion de leurs fonctions SANS BLESSURES à un *magistrat*. C. P. art. 228. Prison 2 à 5 ans, maximum si les violences ont eu lieu à l'audience. Privation des droits et de séjour de 5 à 10 ans — envers *officier ministériel, agent de* la force publique ou *citoyen chargé d'un service public*. art 230. Prison 1 mois à 3 ans, amende 16 à 500 fr. avec BLESSURES. art. 231. Réclusion, avec MORT dans les 40 jours : Travaux forcés à perpétuité ; avec PRÉMÉDITATION et GUET-APENS. art. 232 : Réclusion ; avec INTENTION DE DONNER LA mort. art. 233. Mort.

Vols. — Code pénal, art. 381. *Travaux forcés à perpétuité* — Avec les 5 circonstances suivantes : la nuit ; par deux ou plusieurs personnes ; armes apparentes ou cachées ; effraction extérieure, escalade, fausses clefs dans lieu habité ou dépendances, titre d'un fonctionnaire, uniforme ou faux ordre ; violence ou menace d'user des armes — *violence avec blessure* ou contusion (382) — *sur chemins publics* avec deux circonstances ci-dessus. = *Travaux forcés à temps*, art. 382, *violence, — chemins publics* avec une des circonstances de l'art. 381 (383) — *effraction, escalade, fausses clefs* dans un LIEU NON HABITÉ ou indépendant (384) — avec *deux* de ces circonstances : nuit ; maison habitée ou édifice du culte ; deux ou plusieurs personnes et avec armes (385). = *Réclusion*, art. 383, sur *chemins publics* — de *nuit et par deux ou plusieurs* personnes (386) — de *nuit* ou par *deux ou plusieurs* personnes MAIS dans un lieu habité ou édifice du culte — avec *armes* même de jour et dans un lieu inhabité — par *domestique, ouvrier, aubergiste, hôtelier, voiturier, batelier* dépositaires : **Recéleurs** : mêmes peines.

Vols divers. — Dans les carrières, vol de pierres. Code pénal, art. 388, prison 1 à 5 ans, amende 16 à 500 francs. — Dans les champs, vol ou tentative de *chevaux, bêtes de charge, voiture, monture, gros et menus bestiaux, instruments*, art. 388, prison 1 à 5 ans, amende de 16 à 500 francs. — Dans les **Etangs**, viviers, réservoirs, vol de *poisson*, mêmes peines. — Récoltes ou autres productions DÉTACHÉES du sol, *meules de grains*, même article 388, prison 15 jours à 2 ans, amende 16 à 200 francs — la *nuit, par plusieurs, avec voitures* ou *animaux*; Prison 1 à 5 ans, amende de 16 à 500 fr. — **Récoltes** NON DÉTACHÉES du sol avec *paniers* ou *sacs*, soit la *nuit*, *par plusieurs, avec voitures*, prison 15 jours à 2 ans, amende 16 à 200 fr. — Dans les **Ventes** de bois, art. 388, prison de 1 à 5 ans, amende de 16 à 500 francs : Interdiction des droits et de séjour de 5 à 10 ans.

FIN.

PETITE IMPRIMERIE VENDÉENNE LA ROCHE-SUR-YON

Monsieur et cher Collègue,

J'ai l'honneur de soumettre à votre appréciation le *Petit Compendium* ci-joint.

Vu son prix modeste, **Un franc**, je n'ai pas cru devoir vous importuner par une demande de souscription préalable qui augmente inutilement les frais; en le lisant, vous pourrez mieux juger de son contenu qui a eu l'approbation élogieuse de M. Mauléon, Procureur de la République, dont la lettre est en tête de l'ouvrage.

J'ose espérer que vous accueillerez favorablement ce petit travail dont le but est visible, et, dans ce cas, pour ne pas vous créer le moindre tracas, je me permettrai, sauf avis contraire, d'en faire recouvrer le montant par la poste dans la quinzaine de la réception.

Avec mes remerciements,
agréez, Monsieur et cher Collègue,
l'assurance de mes meilleurs sentiments de confraternité.

D. AGERET.

www.ingramcontent.com/pod-product-compliance
Ingram Content Group UK Ltd.
Pitfield, Milton Keynes, MK11 3LW, UK
UKHW020255250726
13967UKWH00004B/1703